Marketing Basic Selection Series
マーケティング・ベーシック・セレクション・シリーズ

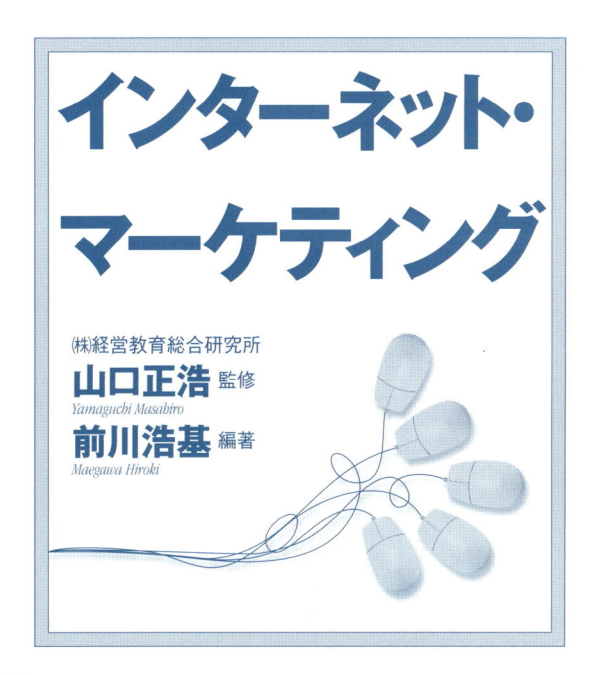

インターネット・マーケティング

㈱経営教育総合研究所
山口正浩 監修
Yamaguchi Masahiro

前川浩基 編著
Maegawa Hiroki

Internet
Marketing

同文舘出版

マーケティング・ベーシック・セレクション・シリーズ発刊にあたって

　マーケティング・ベーシック・セレクション・シリーズの内容は、経営教育総合研究所の主任研究員が携わってきた多数の企業や大学、地方公共団体での講義や研修、上場企業や中小企業へのコンサルティングがベースとなっています。

　マーケティング研修で、受講生に「マーケティング」から連想するキーワードを質問すると「企業戦略」、「販売促進」、「広告宣伝」、「営業担当者の強化」、「Web」、「TVCM」など、さまざまな答えが挙がります。消費者行動や企業活動の多様化に伴い、マーケティングも、さまざまな切り口から考えられるようになりました。

　本シリーズでは、多様化しているマーケティングを下記の12テーマのカテゴリーに分類し、最新事例や図表を使用してわかりやすくまとめています。本シリーズで、各カテゴリーのマーケティング知識を理解し、活用していただければ幸いです。

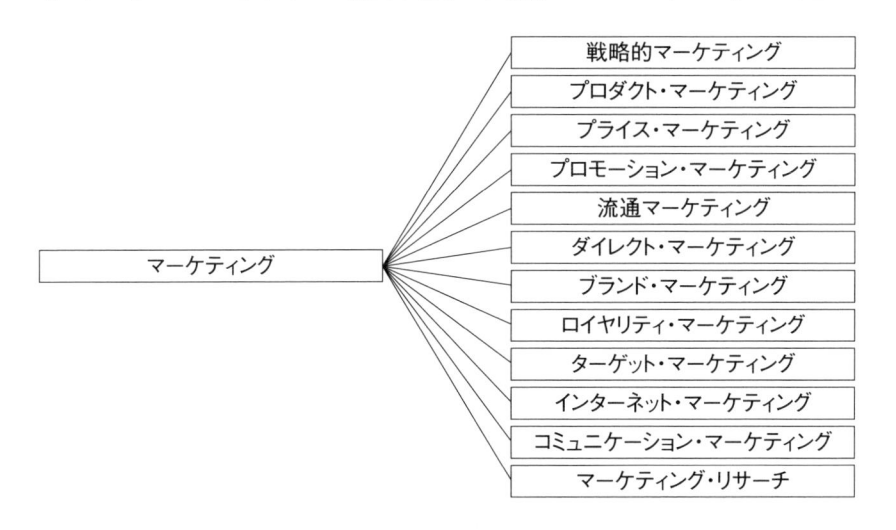

```
マーケティング ──┬── 戦略的マーケティング
                ├── プロダクト・マーケティング
                ├── プライス・マーケティング
                ├── プロモーション・マーケティング
                ├── 流通マーケティング
                ├── ダイレクト・マーケティング
                ├── ブランド・マーケティング
                ├── ロイヤリティ・マーケティング
                ├── ターゲット・マーケティング
                ├── インターネット・マーケティング
                ├── コミュニケーション・マーケティング
                └── マーケティング・リサーチ
```

　本シリーズは一般の書籍と異なり、マーケティング・ベーシック・セレクション・シリーズ専用のHPを開設しています。HPでは書籍に書ききれなかった監修者・執筆者のコメントや、マーケティングに関する最新情報を紹介しています。本シリーズで学習したら、下記のHPにアクセスし、さらなる知識を吸収してください。
URL　http://www.keieikyouiku.co.jp/MK

株式会社 経営教育総合研究所
代表取締役社長　山口 正浩

まえがき

　わが国の一般家庭にインターネットが普及し始めたのは、1990年代半ばのことでした。理工系学部の学生や、一部のパソコンユーザはそれ以前からインターネットを利用していましたが、1995年のWindows 95発売を機に、多くの消費者にとって「インターネット」が身近なものとなりました。

　1999年には、携帯電話のインターネットサービス「iモード」（NTTドコモ）がスタートしました。携帯電話からインターネットが利用できるようになり、インターネットはさらに生活に密着した存在となりました。"いつでも・どこでも・誰でも"利用できるインターネットは、一つの「メディア」としての役割を果たしています。

　インターネットが、私たちの生活に与えた最も大きな影響の一つに、EC（電子商取引）があります。もっとわかりやすく、「ネットショッピング」と言い換えてもかまいません。

　気になる商品があったら、まずメーカーの商品情報サイトを見る。次に、実際に商品を購入した消費者の感想を読む。気に入れば、商品を一番安く販売しているネットショップを調べて、クレジットカードで商品を購入。翌日、自宅に商品が送られてくる——多くの方が、日常的に経験しているのではないでしょうか。

　これは、商品を売る側にとっても、大きな変革が求められていることを意味します。「自社でネットショップをオープンすればよい」といった単純な話ではありません。自社の商品をどのように広告宣伝するのか、どのようなルートで販売するのかといった従来の視点に加え、顧客の声をどのように聞き取るのか、それをどのように商品開発に活用するのかといった点まで含めて、"インターネットの存在を前提として"考え直さなければならないのです。企業のマーケティング活動全体の再構築が

求められている、といっても過言ではありません。

　書店には「Webマーケティング」の書籍が多数並んでおり、その範囲はWebサイトの作り方からSEO（検索エンジン対策）まで多岐にわたっています。しかし肝心の内容はというと、ソフトウェアの操作方法やテクニック、ノウハウの紹介に終始しているものが多く、マーケティングの観点から体系的、網羅的に記されたものは皆無、もしくはきわめて少ないのが現状です。

　本書は、インターネット時代に求められるマーケティング活動、すなわち「インターネット・マーケティング」の全体を俯瞰し、また体系的に理解していただくことを目的として書かれています。マーケティング関連部門に配属された新入社員の研修テキストとして、あるいは最新のマーケティングを学びたいビジネスパーソンの自己啓発教材としても最適です。

　インターネット・マーケティングの重要性は、メーカー、流通業、サービス業など業種を問わず増加しているため、学生の方の就職活動対策としても役立つことでしょう。「そもそも、インターネットって何？」という方も、PART 1「インターネットのしくみ」を読んでいただければ、インターネットの歴史と概要がつかめるはずです。本書を読み進めていくうえで、それ以上に難しい"技術的な知識"は必要ありません。

　本書を通じて、みなさんがインターネット・マーケティングのおもしろさ、奥深さを感じると同時に、将来のビジネスに役立てていただけるとすれば、著者としてこれ以上の喜びはありません。

2009年6月吉日

　　　　　　　　　　　　　　　株式会社　経営教育総合研究所
　　　　　　　　　　　　　　　　　　主任研究員　前川浩基

マーケティング・ベーシック・セレクション・シリーズ
インターネット・マーケティング● ────目次

prologue
インターネット・マーケティングとは

インターネット・マーケティングとは……010

PART 1
インターネットのしくみ

section1　インターネットの普及と未来……016
section2　インターネットの成り立ち……020
section3　Webとハイパーテキスト……024
section4　電子メールの歴史と問題……028
section5　ドメイン名とDNS……032
section6　モバイル・インターネット……036

PART 2
EC（電子商取引）の発展

section1　EC（電子商取引）の発展……042
section2　BtoBの市場拡大……046
section3　BtoCの動向……050
section4　売り手から見たEC……054
section5　買い手から見たEC……058

section6	ロングテールの法則	062
section7	AIDMA と AISAS	066
section8	インストア・マーチャンダイジング（ISM）の応用	070

PART 3
インターネット・マーケティングと 4P

section1	事業ドメインとインターネット	076
section2	製品戦略（Product）	080
section3	価格戦略（Price）	084
section4	チャネル戦略（Place）	088
section5	広告戦略（Promotion）	092
section6	プル戦略とプッシュ戦略	096

PART 4
プロモーションからコミュニケーションへ

section1	口コミは起せるか	102
section2	CGM	106
section3	ブログとコミュニケーション	110
section4	SNS	114
section5	アフィリエイトの効果	118
section6	ドロップシッピングの普及と課題	122
section7	動画共有サイトの活用と課題	126
section8	メールマガジンとマーケティング	130
section9	RSS とマーケティング	134
section10	ショッピング・エージェント	138

section11　メタバースの活用と期待 …………………………………142
section12　SMOの浸透とマーケティング …………………………146
section13　ビジネスブログと中小企業 ………………………………150

PART 5

サーチ・エンジン・マーケティング

section1　検索エンジンとは ……………………………………………156
section2　ディレクトリ型検索エンジン ………………………………160
section3　全文検索型（スクロール）検索エンジン …………………164
section4　リスティング広告の活用 ……………………………………168
section5　SEO ……………………………………………………………172
section6　LPO ……………………………………………………………176
section7　コンテンツ連動広告 …………………………………………180

PART 6

インターネット・マーケティングの潮流

section1　アクセス解析の普及と活用 …………………………………186
section2　ページビュー（PV）と滞在時間 ……………………………190
section3　RSS広告 ………………………………………………………194
section4　既存メディアとの連携 ………………………………………198

PART 7

モバイル・マーケティング

section1　モバイル端末の特性 …………………………………………204

section2	モバイル端末の技術動向	208
section3	携帯サイトとPCサイト	212
section4	公式サイトと一般サイト	216
section5	モバイルコマース	220
section6	モバイルSEM	224

装丁・本文DTP●志岐デザイン事務所

prologue

インターネット・マーケティングとは

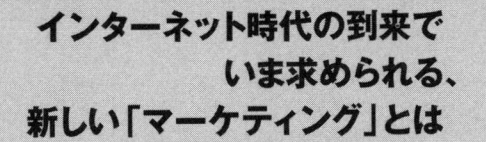

インターネット時代の到来で
いま求められる、
新しい「マーケティング」とは

prologue インターネット・マーケティングとは
インターネット・マーケティングとは

　「マーケティング」という言葉を聞いて、みなさんは何を思い浮かべるでしょうか。あるいは、具体的に何をすることだと思いますか。
　「街頭アンケートで消費者の声を集めること」「売れそうな新商品を開発すること」「販売促進のキャンペーンを行うこと」――いずれも間違いではありません。ただ、これらの活動は、「マーケティング」の一部を表しているに過ぎません。
　まず、「マーケティング」とは何かを考えてみましょう。

(1)「マーケティング」とは
　1985年にAMA（American Marketing Association;米国マーケティング協会）は、マーケティングを次のように定義しました。

　マーケティングとは、個人目標および組織目標を満たす交換を創造するためのアイデア、商品、サービスのコンセプト、価格設定、プロモーション、流通の計画と実行のプロセスである。

　AMAは、2004年に新しい定義を発表しました。後で紹介する「マーケティングの4P」を含め、現代の「マーケティング」を考えるきっかけとなったのが、この1985年の定義です。
　1985年の定義のポイントは、「アイデア、商品、サービスのコンセプト」「価格設定」「プロモーション」「流通」の4つのキーワードです。
・どのような商品・サービスを提供するのか

・価格はどのように設定するのか
・プロモーション（広告宣伝）はどのように行うのか
・どのようにして消費者のもとに届けるのか

　上記の4つをうまく組み合わせながら、販売者（メーカーなど）と消費者がともに満足することを目指す、それが「マーケティング」の本質です。

　この4つの切り口を「マーケティングの4P」「マーケティング・ミックス」といいます。4Pとは、製品（Product）、価格（Price）、プロモーション（Promotion）、流通（Place）の頭文字をとったものです。

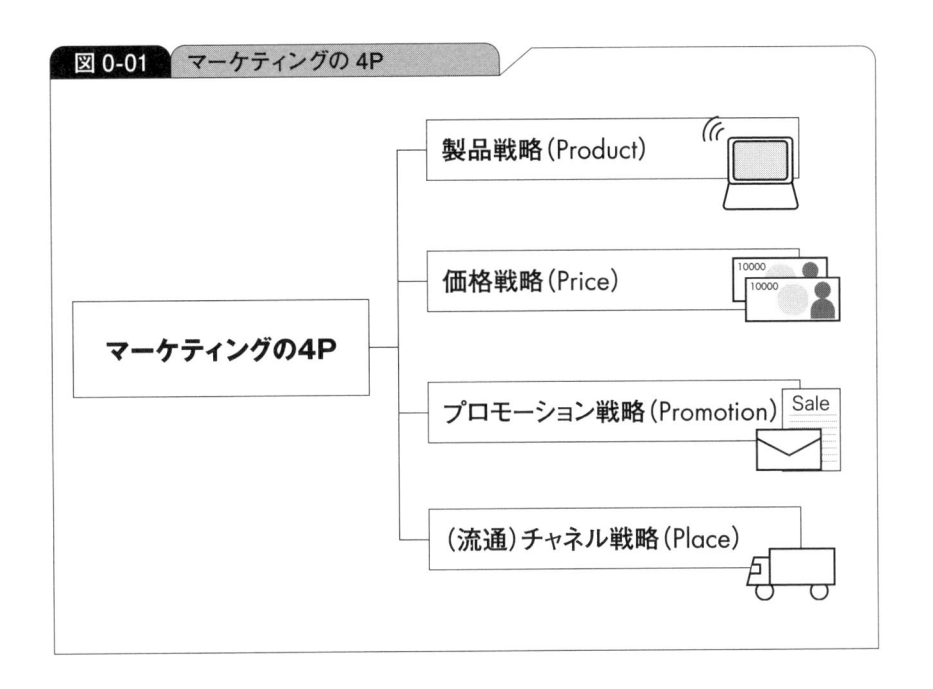

図 0-01　マーケティングの 4P

マーケティングの4P
- 製品戦略（Product）
- 価格戦略（Price）
- プロモーション戦略（Promotion）
- （流通）チャネル戦略（Place）

マーケティングの4Pについては、PART 3で紹介します。

(2) インターネット時代の到来

マーケティングの4Pは、大企業の経営者はもちろん、中小の小売店店長にとっても"必須の知識"です。

しかし、インターネットが普及した現在、"新しい"マーケティングの知識が求められています。

わが国の多くの消費者は、インターネットを利用して情報を収集したり発信したり、商品を購入したりしています。企業がネットショップ（電子商店）を開設するためには、インターネットの基本的なしくみに加え、インターネット特有の"売り方"についての理解が必要です。

本書は、インターネット時代に求められるマーケティング、すなわち「インターネット・マーケティング」を体系的に解説しています。最初に「インターネット・マーケティング」の全体像を、紹介します。

(3) インターネットのしくみ

本書は、インターネットの技術的な側面について掘り下げることを目的としていません。しかし、インターネットとは何か、電子メールはなぜ届くのか……といった基本的な知識は、インターネット・マーケティングにたずさわるすべての方に知ってほしい内容です。PART 1では、インターネットのしくみをわかりやすく紹介します。

(4) EC（電子商取引）

ネットショップ（電子商店）をはじめとする、コンピュータを利用した取引のことをEC（Electronic Commerce;電子商取引）といいます。ECは、コンピュータを利用しない取引とどう違うのでしょうか。PART 2では、ECの特性について説明します。

(5) インターネット・マーケティングと4P

　さきほど紹介した4Pは、インターネット・マーケティングを考えるうえでも重要です。4Pの中でも「プロモーション」(Promotion)は、インターネットの活用によって劇的に変化しています。本書では、PART 3で4Pについて見た後、PART 4で、プロモーションを進化させた「コミュニケーション」について紹介します。

(6) インターネット・マーケティングと検索エンジン

　インターネット・マーケティングを考えるにあたり、「検索エンジン」(Yahoo!やGoogleなどのインターネット検索サービス）を無視することはできません。検索結果の上位に表示されるかどうかで、ネットショップの売上が大きく変わり、ひいては企業の存亡に関わる、ということすら珍しくありません。
　PART 5では、検索エンジンに関わるマーケティング手法を紹介します。

(7) メディアとしてのインターネット

　インターネットは、テレビや新聞などと並ぶ「メディア」としての地位を築きつつあります。PART 6では、既存メディアとの連携や、広告媒体として見たときの効果測定方法などについて見ていきます。

(8) モバイル・マーケティング

　PART 7では、携帯電話を使ったマーケティング手法について紹介します。多くの消費者が、携帯電話を使ってインターネットを利用しています。パソコン利用者に対するマーケティングとは、どのように異なるのかを紹介します。

section 1　インターネットの普及と未来
section 2　インターネットの成り立ち
section 3　Webとハイパーテキスト
section 4　電子メールの歴史と問題
section 5　ドメイン名とDNS
section 6　モバイル・インターネット

PART 1

インターネットのしくみ

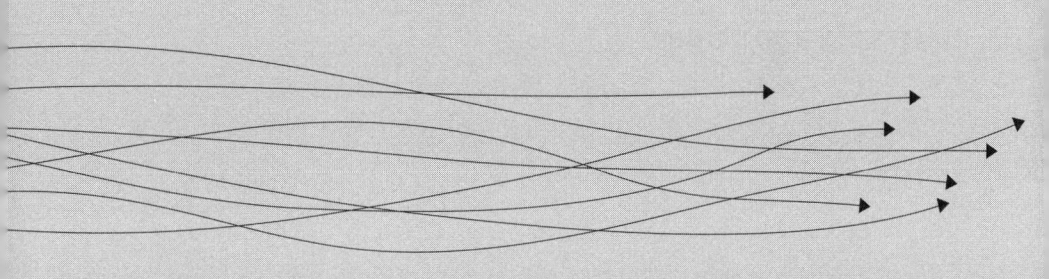

httpって何？
電子メールは誰が届けてくれる？
インターネットの歴史と
しくみを理解する

section 1　インターネットのしくみ

インターネットの普及と未来

　インターネット・マーケティングを効果的に行うためには、「インターネット」とは何か、インターネットはどういう経緯で生まれ、現在どのような使われ方をしているのか、を知っておくことが重要です。PART1では、インターネットの特性と歴史、技術的な側面について紹介します。

(1) インターネットの普及
　いま、みなさんが欲しい商品に関する情報を集めようとしたら、どうしますか。商品のことを知っている人を探して話を聞きますか。あるいは、お店に出かけていってカタログやパンフレットを集めるでしょうか。おそらく、多くの方の答えは「No」でしょう。まずインターネットでその商品を検索する方がほとんどではないでしょうか。それだけインターネットは私たちの生活にとって身近で、不可欠なものとなっています。しかし、「インターネットって何?」という質問に、的確に答えられる方が少ないことも事実です。

(2) インター (inter-) ＋ネット (net) ＝インターネット (internet)
　みなさんは、「インターネット」と聞いて何を思い描きますか。
　「インターネット」という言葉は本来、具体的な"何か"を表す言葉ではありませんでした。例えば、顔 (face) と顔とを向き合わせているのが「インターフェース」(interface)。国 (nation) と国との関係が「インターナショナル」(international)。それと同じように、ネットワーク (network) とネットワークとがつながっている"状態"のことを、「イ

ンターネット」（internet）といいます。

　コンピュータネットワークはもともと、学校や企業といった組織によって構築され、その組織の中で閉じたものでした。小さなネットワーク同士を接続していくことで、いつの間にか世界中に網の目のように張り巡らされたひとつの大きなネットワークになった、というのがインターネットの原型です。

　いまでは、単に「ネット」（英語では the Net）といえばインターネット、さらにはインターネット上で利用できるさまざまなサービスを指しています。

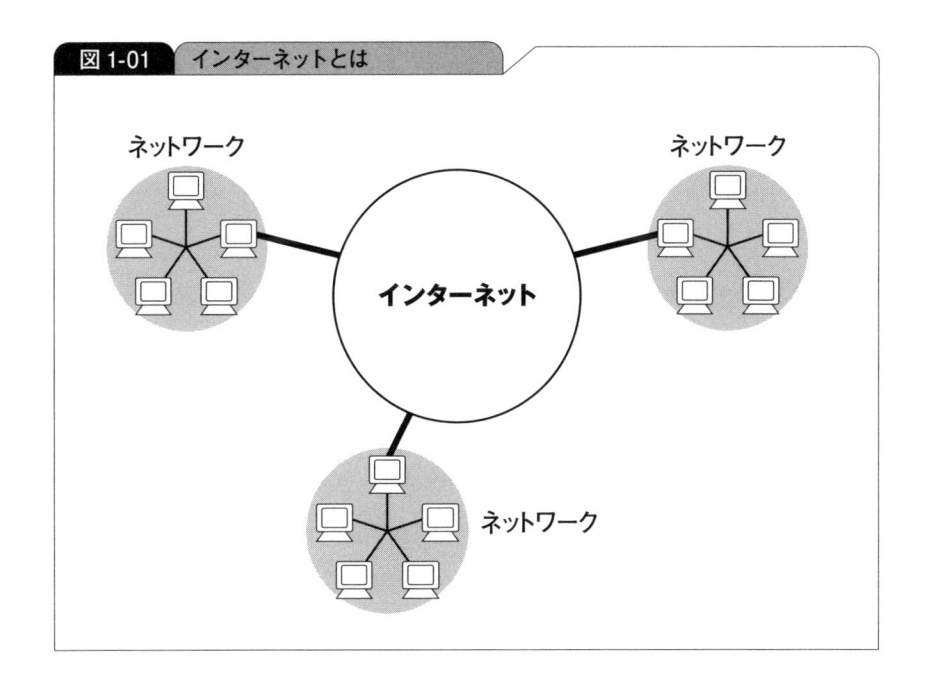

図1-01　インターネットとは

ネットワーク　　　　　　　　ネットワーク

インターネット

ネットワーク

PART 1　インターネットのしくみ

(3) 管理者不在

このような経緯で誕生したインターネットには、全体を管理する「管理者」がいません。インターネットを構成する小さな(学校や企業の)ネットワークには管理者がいますが、インターネット全体を管理する組織はどこにもないのです。インターネットを使った通信に障害が発生しても、誰も責任を負ってはくれません。

インターネットは、個々の小さなネットワークが正しく管理され、ネットワーク同士が正しく接続されていれば、全体として正しく動作するであろう、という期待によって動いています。

(4) インターネットはインフラに過ぎない

みなさんは、「インターネット」という言葉を、どこかの企業のWebサイトを見たり、誰かに電子メールを送ったりすることができる「道具」

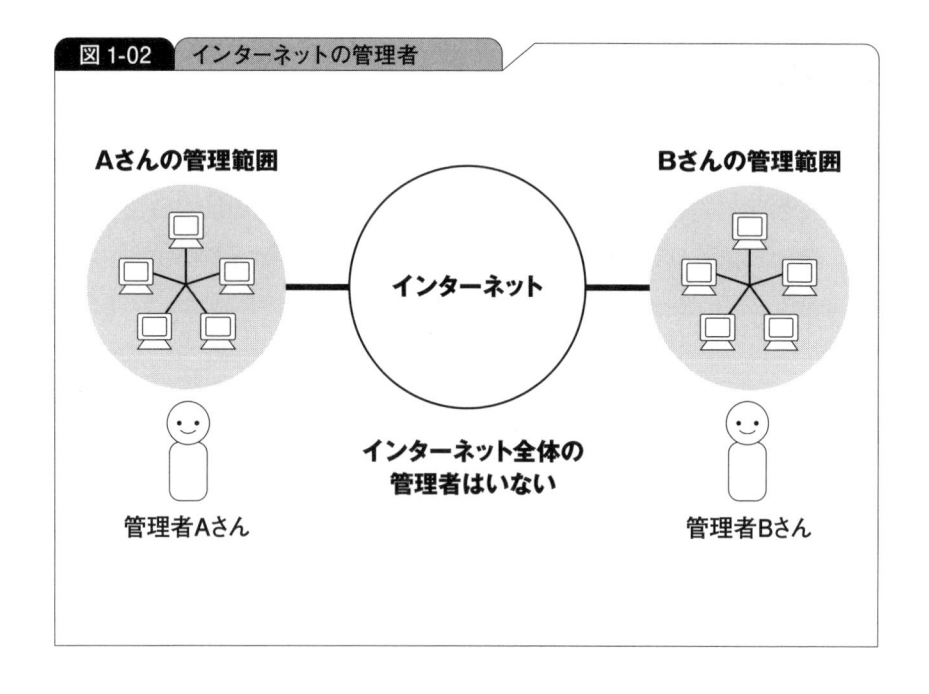

図 1-02　インターネットの管理者

Aさんの管理範囲　　　　　　Bさんの管理範囲

インターネット

インターネット全体の管理者はいない

管理者Aさん　　　　　　管理者Bさん

のように使っているのではないでしょうか。

　前述したように、インターネットは、小さなネットワーク同士がつながっているだけのインフラに過ぎません。道路があっても車やトラックがないと荷物を運べないのと同じで、インターネットもそれだけではWebサイトや電子メールを届けてはくれません。インターネットのうえで動作する「サービス」があってはじめて、私たちはWebサイトを見たり、電子メールを送信したりできるのです。

　インターネットで動作するサービスは数多くあり、日々新しいサービスが開発・提供されています。PART 1では、インターネットの代表的なサービスのWebと電子メールについて、section 3以降で紹介します。

(5) インターネットに悪人はいない？

　section 2で、インターネットの歴史を紹介します。インターネットはもともと軍事研究目的で、その後も学術研究目的で構築が進められてきました。そのため、インターネットに参加する個人や組織の中に"悪意"を持った者はいない、もしくはきわめて少ないことを前提に設計された部分が少なからずあります。section 4「電子メール」の項でも紹介しますが、迷惑メールの氾濫も、性善説に立った設計が原因のひとつです。

　いまでは情報セキュリティに対する関心が開発者、利用者ともに高まり、インターネットにおいても安全にサービスを利用できるようになってきました。しかし、100%安全と言い切れないのは現実の世界と同じです。インターネットの利用者である私たち一人ひとりが、情報セキュリティに関する一定の知識と意識を持つことが、インターネット全体の安全性の向上につながるのです。

section 2　インターネットのしくみ
インターネットの成り立ち

　section 1では、「インターネット」とは何か、インターネットにはどのような特徴があるのか、といった点を見てきました。インターネットはどのような経緯で生まれ、どのように発展してきたのでしょうか。歴史を振り返ってみましょう。

(1)軍事目的のネットワーク
　インターネットはもともと、軍事技術の一環として研究開発が進みました。敵の攻撃によってネットワークの一部が破壊されても、う回路を通して通信を続けたい。そんなネットワークを必要とした米国国防総省の研究開発が、インターネットの起源となりました。
　1960年代の後半、ARPANET（Advanced Research Projects Agency NETwork）と呼ばれるネットワークが完成しました。ARPANETは、当初アメリカ西海岸の4つの研究機関を結ぶネットワークでしたが、数年後には30を超える機関を結ぶネットワークとなり、実験も成功に終わりました。

(2)学術目的ネットワーク
　その後の研究で、現在のインターネットを支えるプロトコル（データ通信における約束ごと）であるTCP/IPの開発が進みます。ARPANETだけでなく、世界中の大学や研究機関で構築されるネットワークにもTCP/IPが利用され始め、1980年代になると、コンピュータのOS（Operating System；基本ソフトウェア）にも実装されるようになりま

図 1-03　インターネットのしくみ

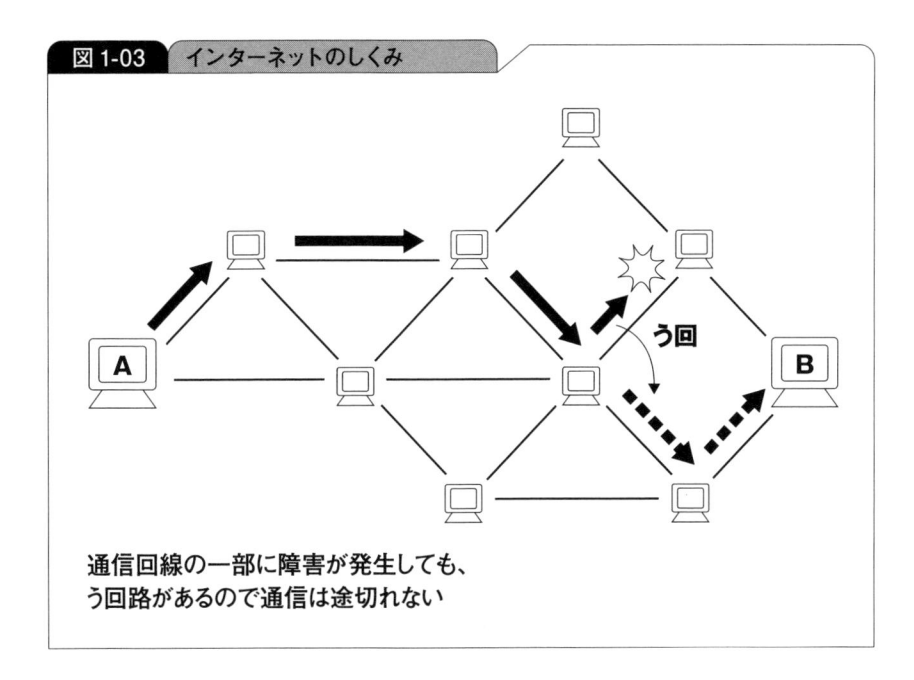

通信回線の一部に障害が発生しても、
う回路があるので通信は途切れない

した。電子メール、ファイル転送、Webなど、現在のインターネットを支える基本的なサービスも、この時期に開発されていました。

(3) 商用目的ネットワーク

　1980年代までのインターネットは、大学や研究機関などの限られたユーザによって使われているだけでした。1990年代には、民間企業や一般家庭に対して、インターネット接続を提供するサービスが登場します。このようなサービスを提供する事業者のことをISP（Internet Service Provider；インターネット接続サービス事業者）、もしくは単にプロバイダといいます。

　インターネットが普及する以前から、企業や個人は「パソコン通信」によるネットワークには参加していました。しかし、パソコン通信は限られた会員間でしかコミュニケーションができません。

インターネットへの接続により、世界中から情報を集めたり、世界中に向けて電子メールを送信したりできるようになったのです。

(4) 個人ユーザへの広がり

1990年代の半ばから2000年代には、インターネットは一気に個人ユーザに普及します。原動力となったのはWindows 95/98の発売と、廉価なブロードバンド環境の普及でした。Windows 95/98は、パソコンの操作性を向上させ、初心者でもパソコンを簡単に使えるようになりました。ADSL（Asymmetric Digital Subscriber Line；非対称デジタル加入者線）は、既存のアナログ電話回線を使った高速デジタル通信を可能にする技術です。利用時間に比例しない定額料金制のため、ユーザは時間を気にすることなく、好きなだけインターネットを利用できるようになりました。その後はFTTH（Fiber To The Home；光ファイバによる家庭向けデータ通信サービス）も安価になり、家庭用ブロードバンド環境の主役を担いつつあります。

「インターネット白書」によると、2007年におけるインターネット利用者人口は8,227万人です。1997年のインターネット利用者人口がわずか572万人であったことを考えると、10年間でインターネットは爆発的に普及したといえるでしょう。

(5) 携帯電話ユーザへの広がり

2000年代には、携帯電話からのインターネット利用も活発になってきました。携帯電話でのインターネット接続サービスが提供されたのは1999年でした。近年では、「携帯電話でのみインターネットを利用している」ユーザも増えています。詳しくはPART 7で紹介します。

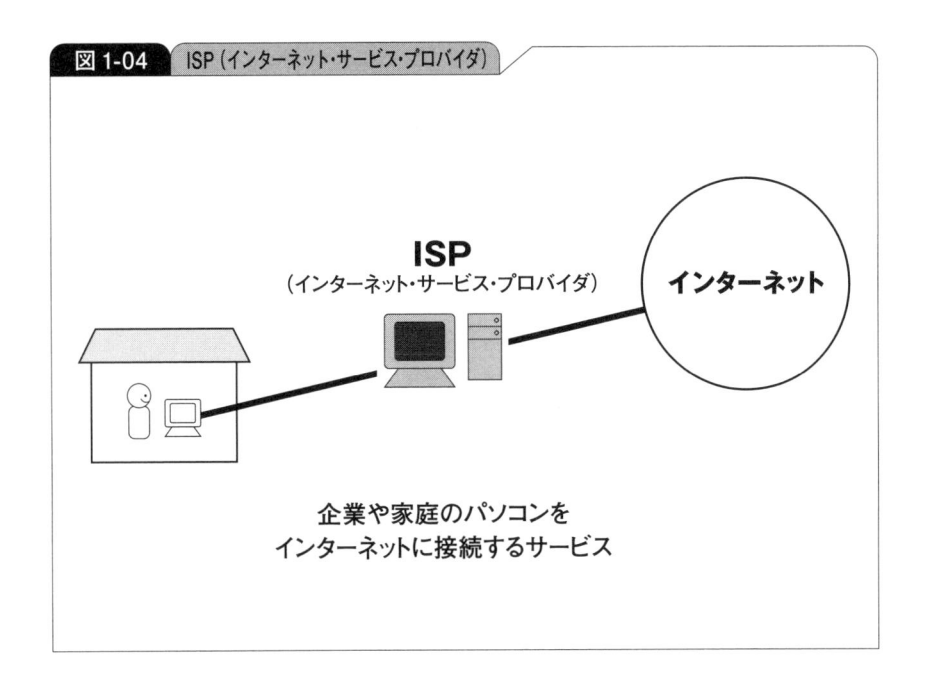

図 1-04　ISP（インターネット・サービス・プロバイダ）

ISP
（インターネット・サービス・プロバイダ）

インターネット

企業や家庭のパソコンを
インターネットに接続するサービス

(6) インターネットの未来

　いまのところインターネットの主役はパソコンや携帯電話ですが、今後は、各家庭にある家電製品にまで広がるといわれています。

　現在でも、薄型テレビ製品の中には、インターネットに接続する機能を備えているものがあります。今後、冷蔵庫や洗濯機などの白物家電製品から、照明装置やホームセキュリティ装置までインターネットに接続される時代になると考えられています。

　会社にいながら自宅のエアコンを操作する、ホームセキュリティ装置が発する警告を携帯電話で受信する、といったことはすでに実現しています。冷蔵庫が、自身の中身をチェックし、不足した調味料をインターネットで自動発注する……という時代も、すぐそこまで来ています。

section 3　インターネットのしくみ

Webとハイパーテキスト

　section 1で、インターネットはインフラに過ぎないことを紹介しました。インターネットだけあっても電子メールは届かず、Webサイトを見ることもできません。インターネットをインフラとして提供される、さまざまな「サービス」によってはじめて、私たちはインターネットを"使う"ことができるのです。

　section 3では、インターネットの代表的なサービスである「Web」について見ていきましょう。

(1) インターネット＝Web?

　みなさんが「インターネットをやっている」と聞くと、具体的に何をしているシーンを思い浮かべるでしょうか。多くの方は、「どこかのWebサイトを閲覧している」という意味に受け取るでしょう。「Web」は、インターネットの代名詞といえるほど、広く普及しているサービスです。以前はパソコンからの利用が主でしたが、いまでは携帯電話からも利用できるようになりました。

　インターネット・マーケティングにおいても、企業が消費者に対して行うアプローチの"主役"はWebです。消費者間の「口コミ」も、Webを介して広がることが多いのです。

(2) Webの概要

　Webのしくみは単純です。パソコンで動作する「ブラウザ」と呼ばれるソフトウェアに、参照したいWebサイトのアドレスを入力します。

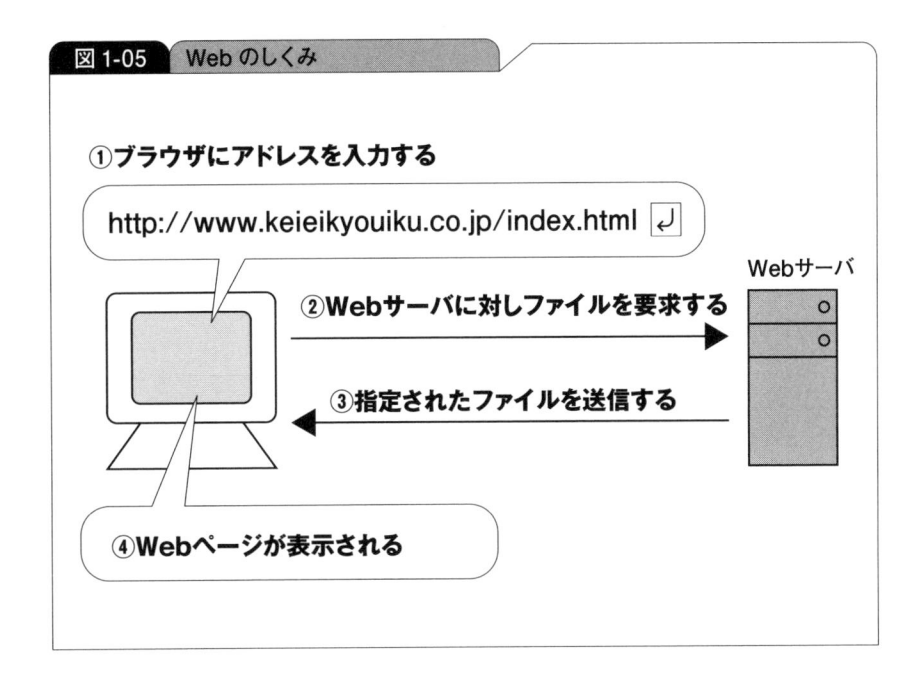

```
┌─────────────────────────────────────────────────┐
│ 図 1-05    Web のしくみ                          │
│                                                 │
│  ①ブラウザにアドレスを入力する                  │
│  ┌──────────────────────────────────┐           │
│  │ http://www.keieikyouiku.co.jp/index.html ⏎│  │
│  └──────────────────────────────────┘           │
│                                        Webサーバ │
│         ┌───┐  ②Webサーバに対しファイル要求する │
│         │   │  ──────────────────────→  ┌──┐   │
│         │   │                           │○ │   │
│         │   │                           │○ │   │
│         │   │  ③指定されたファイルを送信する   │
│         │   │  ←──────────────────────  │  │   │
│         └───┘                           └──┘   │
│          ╱─╲                                    │
│                                                 │
│  ④Webページが表示される                         │
└─────────────────────────────────────────────────┘
```

するとブラウザは、Webサイトを管理するコンピュータからWebサイトの情報を受け取り、パソコンの画面に表示します。

(3) URL とは

ブラウザに入力する「Webサイトのアドレス」には、一定のルールがあります。ルールに従った表記法をURL（Uniform Resource Locator）といい、通常以下のような形式をとります。

```
http://www.keieikyouiku.co.jp/index.html
```

URLは、3つの部分から成り立っています。

・「http:」…プロトコル

・「www.keieikyouiku.co.jp」…コンピュータ名
・「index.html」…ファイル名

　さきほどのURLは、「www.keieikyouiku.co.jp」という名前のコンピュータの中にある、「index.html」という名前のファイルを、HTTP（HyperText Transfer Protocol）というプロトコルを使って参照したい、という意味なのです。
　「プロトコル」とは、コンピュータ同士がデータ通信をするにあたっての"約束ごと"です。Webサイトを見るときの約束ごと、電子メールを送信するときの約束ごと……等が決められており、コンピュータはさまざまなプロトコルを使い分けながら通信しています。

(4) ハイパーテキストとは

　Webを考えるうえで、もうひとつ忘れてはならないのが「ハイパーテキスト」のしくみです。
　ハイパーテキスト（HyperText）とは、「テキストを超えたテキスト」という意味が込められています。これはテキスト（文書）とテキストとが結びつき、あるテキストに関係しているテキストを簡単に呼び出せるしくみを表しています。
　一見難しそうですが、Webページ内にある「リンク」をクリックすると、他のWebページが呼び出されるしくみ、と考えるとわかりやすいでしょう。私たちがWebサイトを参照しているとき、無意識にハイパーテキストを利用しています。
　ハイパーテキストを利用してWebページを作成するには、HTML（HyperText Markup Language）と呼ばれる言語が用いられます。HTMLを使うと、テキストの中にリンクなどの情報を埋め込むことができます。

HTML言語で記述されたWebページは、HTTPと呼ばれるプロトコルに従ってパソコンに届けられます。

　Webサイトには、画像や音声、動画も使われます。Webサイトに画像データや音声データ、動画データを置きたい場合も、HTML言語を使ってWebページに指定しておきます。HTML言語を使ってそれらのデータの"ありか"を指定しておけば、HTTPがWebページと一緒にパソコンまで届けてくれるのです。

　ちなみに、「ホームページ」とは本来、ユーザがブラウザを起動した際に最初に表示されるWebサイトを意味する言葉でした。現在、「詳しくは当社のホームページをご覧ください」のように、「Webサイト」と同義で使われています。

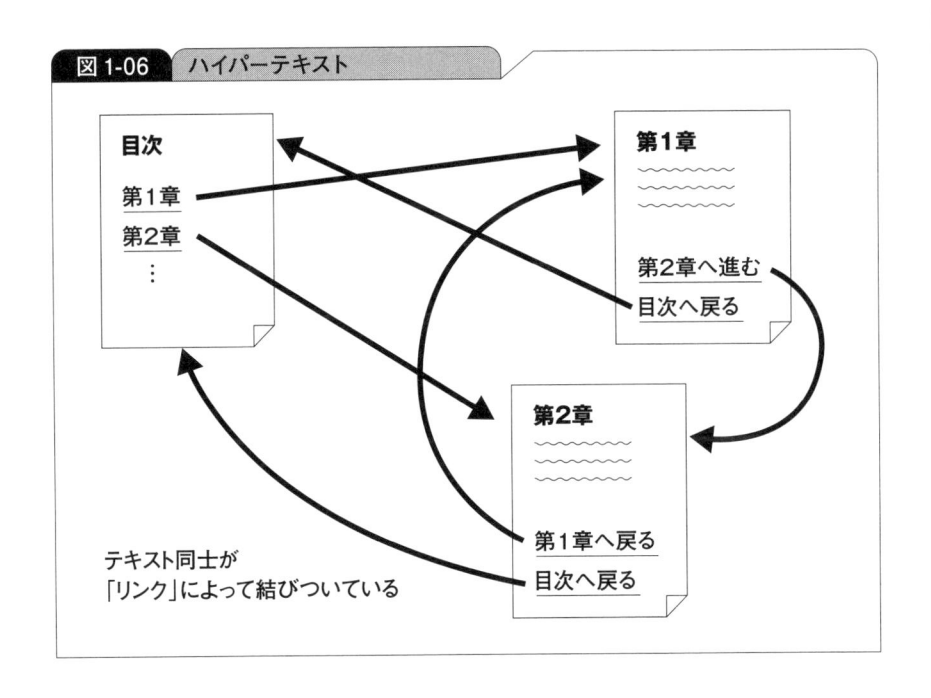

図1-06　ハイパーテキスト

目次
- 第1章
- 第2章
- …

第1章
〜〜〜
第2章へ進む
目次へ戻る

第2章
〜〜〜
第1章へ戻る
目次へ戻る

テキスト同士が「リンク」によって結びついている

PART 1　インターネットのしくみ

section 4　インターネットのしくみ

電子メールの歴史と問題

　ここでは、Webと並んでインターネットの代表的なサービスの「電子メール」（Eメール）について見ていきましょう。

(1) 電子メールの歴史
　電子メールは、インターネットの最も基本的なサービスのひとつで、その歴史はインターネットと同時に始まっています。Webが一般的に使われるようになったのは1990年代ですから、電子メールはWebよりもずっと長い歴史をもつサービスであるといえます。また、今後も使われ続けるサービスであることには疑いの余地はありません。

　みなさんもパソコンで、あるいは携帯電話で、電子メールを日常的に使っているのではないでしょうか。それだけ私たちの社会に浸透しているサービスであることもわかります。

　インターネット・マーケティングにも、電子メールは必要不可欠なツールです。

(2) 電子メールの概要
　電子メールは、インターネットを通じて送ることができる「手紙」です。ユーザは「宛先」を指定して、世界中のユーザに電子メールを送ることができます。電子メールを送るときには「差出人」も明示できるので、送信した電子メールに対する返信を受け取ることもできます。

(3) メールアドレスとは

電子メールを送るときには、宛先として「メールアドレス」を指定します。

一般的に、メールアドレスは、以下のような形式になっています。

`taro_yamada@keieikyouiku.co.jp`

このうち、「taro_yamada」の部分をユーザ名、「keieikyouiku.co.jp」の部分をドメイン名といいます（ドメイン名については、section 5「ドメイン名とDNS」で詳しく紹介します）。「keieikyouiku.co.jpに属している、taro_yamadaさん」という意味です。ユーザ名とドメイン名は「@」（アットマーク）で区切ります。

ドメイン名は、企業や学校のような「その人が属している組織」を表すことが多いのですが、ISP（インターネット接続サービス事業者）や携帯電話事業者の名前が入ることもあります。

メールアドレスは、世界中のどのユーザとも重複することはありません。メールアドレスによって一人のユーザが特定されるおかげで、そのユーザへ電子メールが正しく届けられるのです。

(4) 電子メールは誰が届けるのか

郵便物であれば、郵便局が引き受け、配達してくれます。では、電子メールを届けてくれるのは誰なのでしょうか。

section 1で述べたように、インターネットには「管理者」がいません。そのため、電子メールを届けてくれる特定の責任者もいないのです。その代わり複数のコンピュータが連携し、バケツリレーのように電子メールを届けてくれます。

(5) プロトコルとは

　電子メールが届けられるしくみを、詳しく見てみましょう。私たちがメールソフトを使って送信した電子メールは、SMTP（Simple Mail Transfer Protocol）というプロトコルを使って、メールサーバに送信されます。

　電子メールを受け取ったメールサーバは、電子メールの宛先に最も近いと思われるメールサーバに電子メールを転送します。電子メールが宛先となるユーザに最も近いメールサーバに到達すると、そこで転送は終わり、ユーザが取りに来るのを待ちます。

　宛先となるユーザは、メールソフトを使って自分宛の電子メールを取りに行く必要があるのですが、このときにはPOP（Post Office Protocol）というプロトコルが使われます。

　電子メールは、宛先のユーザのパソコンに直接届くのではなく、メールサーバにとどまるという点に注意が必要です。ユーザがメールを取りに行く必要があるという点では、私書箱に似ています。

(6) 迷惑メール問題

　便利で、広く世の中に普及している電子メールですが、多くのユーザを悩ませているのが「迷惑メール」です。もともと、電子メールは性善説に立って設計されたため、差出人を詐称したり、受け取りを望まない相手に対して、一方的に電子メールを送信することができます。

　迷惑メールを防止する取組みには、さまざまな方法が考えられています。しかし、決定的な解決策がないのが現状です。インターネット・マーケティングに電子メールを活用するときにも、迷惑メールに加担しないこと、迷惑メールに間違われないことが重要です。

図1-07　電子メールのしくみ

差出人のパソコン

SMTPプロトコルで送信

メールサーバ

SMTPプロトコルで転送

メールサーバ

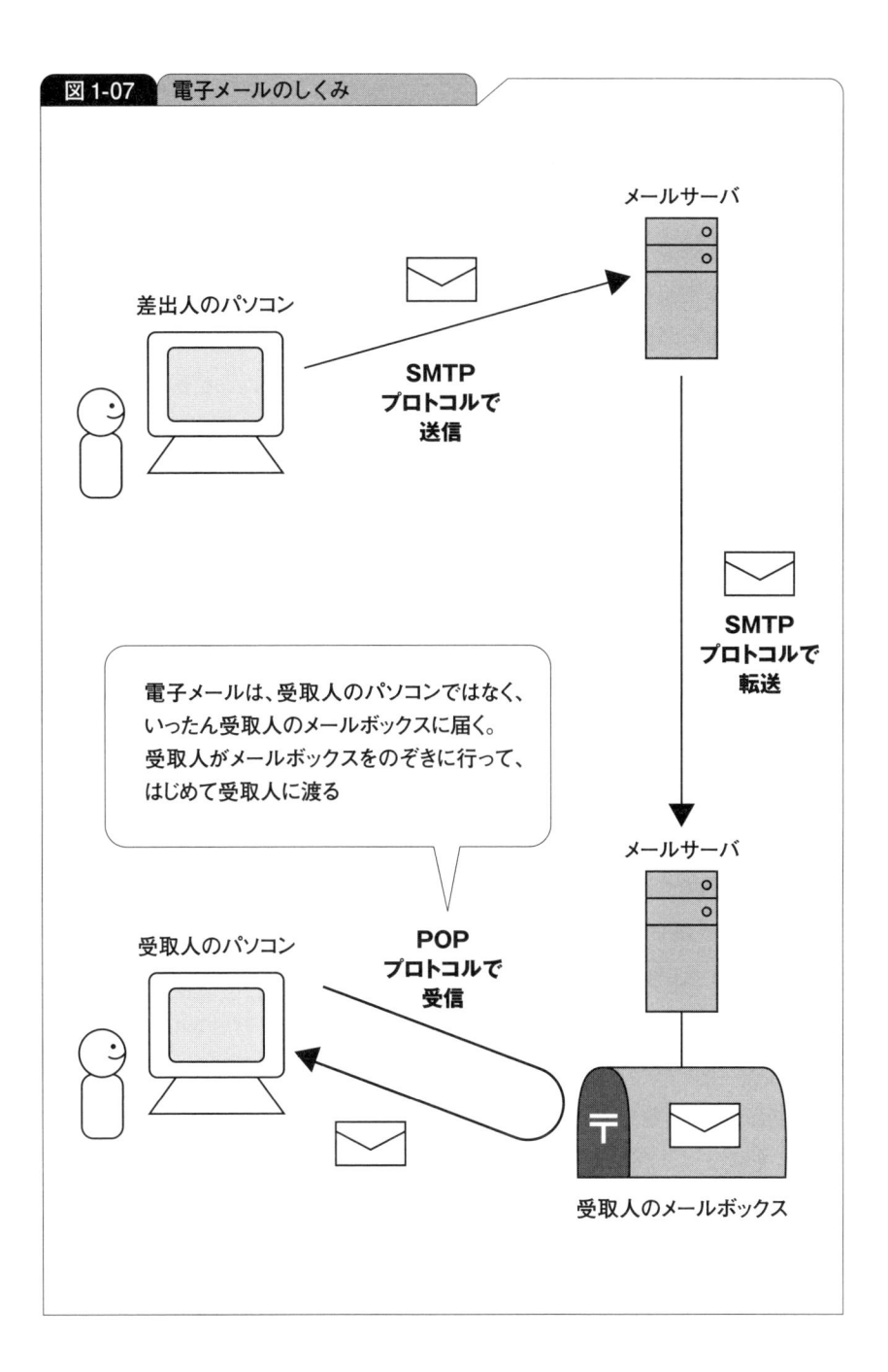

受取人のメールボックス

POPプロトコルで受信

受取人のパソコン

電子メールは、受取人のパソコンではなく、いったん受取人のメールボックスに届く。受取人がメールボックスをのぞきに行って、はじめて受取人に渡る

PART 1　インターネットのしくみ

section 5　インターネットのしくみ
ドメイン名とDNS

　section 3の「Web」では、URLに「コンピュータ名」が含まれていました。またsection 4の「電子メール」においても、メールアドレスには「ドメイン名」が含まれています。

　インターネットに接続されているコンピュータや、インターネットを利用しているユーザを特定するためには、なんらかの「名前」をつける必要があります。本sectionで紹介する「ドメイン名とDNS」は、その名前の"つけ方"に密接な関わりをもつしくみです。

(1) IPアドレス

　ネットワークに接続されたコンピュータ同士は、互いを識別するための「番号」である「IPアドレス」を使いながら通信しています。電話番号と同じで、IPアドレスも他のコンピュータと重複しないように1台ずつ割り振られています。

　IPアドレスは通常、以下のような形式をしています。

124.83.147.205

　しかし、みなさんがYahoo!のWebサイトを見るために、このIPアドレスを覚えておくのは面倒です。

　そこで、IPアドレスのような「番号」ではなく、覚えやすい「名前」をつけることが考え出されました。例えば、Yahoo!のWebサイトにアクセスしようと思ったら、「www.yahoo.co.jp」と入力すればよいのです。

IPアドレスを覚えることに比べたら、ユーザの負担はぐっと軽くなります。このように、IPアドレスに代えてコンピュータにつける名前のことを、「コンピュータ名」（または「ホスト名」）といいます。

(2) コンピュータ名とドメイン名

コンピュータ名は通常、以下のような形式をしています。

```
www.keieikyouiku.co.jp
```

これは、「keieikyouiku.co.jp」という組織が管理している「www」という名前のコンピュータ、を表しています。「keieikyouiku.co.jp」の部分を「ドメイン名」といい、「jp」は日本（Japan）、「co」は企業（company）を表しています。つまり後ろから読むと、

　　日本の（jp）→企業である（co）→keieikyouiku

という構成であることがわかります。ドメイン名は、企業や学校など、組織名を表しているのが一般的です。

(3) ドメイン名は早い者勝ち

コンピュータ名を重複させないためには、ドメイン名に重複があってはなりません。そのため、ドメイン名は登録制となっており、ICANN（The Internet Corporation for Assigned Names and Numbers）という団体が、世界中のドメイン名を一元的に管理しています。

新たにドメイン名を取得したいときには、レジストラと呼ばれる企業を通じて申し込みます。ただし、希望するドメイン名がすでに他人によって取得されている場合、そのドメイン名を取得することができません。

つまり、ドメイン名の取得は早い者勝ちなのです。

インターネットでビジネスを進めていくうえでは、商標と同様に独自のドメイン名を持つことが重要です。

(4) ドメイン名を管理するDNS

ドメイン名を管理するICANNという組織があると述べましたが、この組織はあくまでドメイン名の所有者を管理するだけです。私たちがブラウザに「www.yahoo.co.jp」と入力したときに、「124.83.147.205」といったIPアドレスに変換するしくみが別途必要です。

そのために考え出されたのが、DNS（Domain Name Service）というサービスです。DNSサーバと呼ばれるコンピュータが、コンピュータ名やドメイン名をIPアドレスに変換してくれるのです。いわば、名前から電話番号を調べることができる電話帳のような役割を果たしています。

1台のDNSサーバが世界中のコンピュータ名、ドメイン名、IPアドレスを一元管理してくれるのが理想ですが、世界中の数億台ともいわれるコンピュータからの問い合わせを1台で引き受けることは現実的ではありません。もし、そのコンピュータが故障した場合、世界中のインターネットが麻痺する事態にもなります。

そこでDNSは、世界中のサーバで役割を分担するしくみを取り入れています。ドメイン名にjp、co、keieikyouikuといった階層構造があったように、DNSサーバも「ルート（頂点）のDNSサーバ」、「jpドメインのDNSサーバ」、「coドメインのDNSサーバ」などの階層構造を形成しています。複数のサーバが連携し、問い合わせへの対応を分散させることによって、DNSはインターネットの基盤としての役割を果たしています。

図 1-08　DNS のしくみ

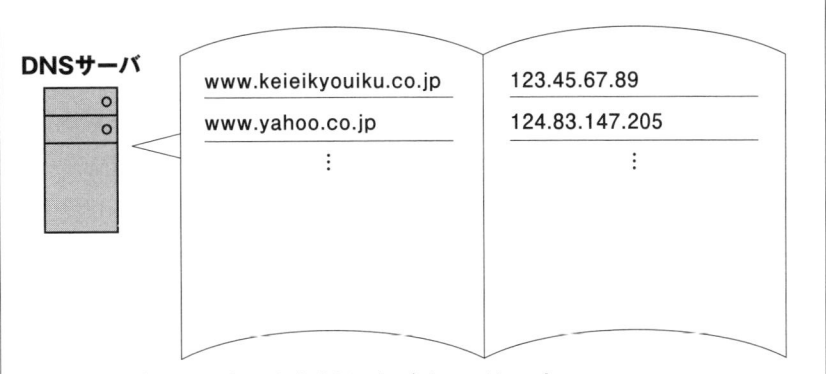

DNSサーバ

www.keieikyouiku.co.jp	123.45.67.89
www.yahoo.co.jp	124.83.147.205
⋮	⋮

DNSサーバは、コンピュータ名やドメイン名とIPアドレスを変換する電話帳のようなもの

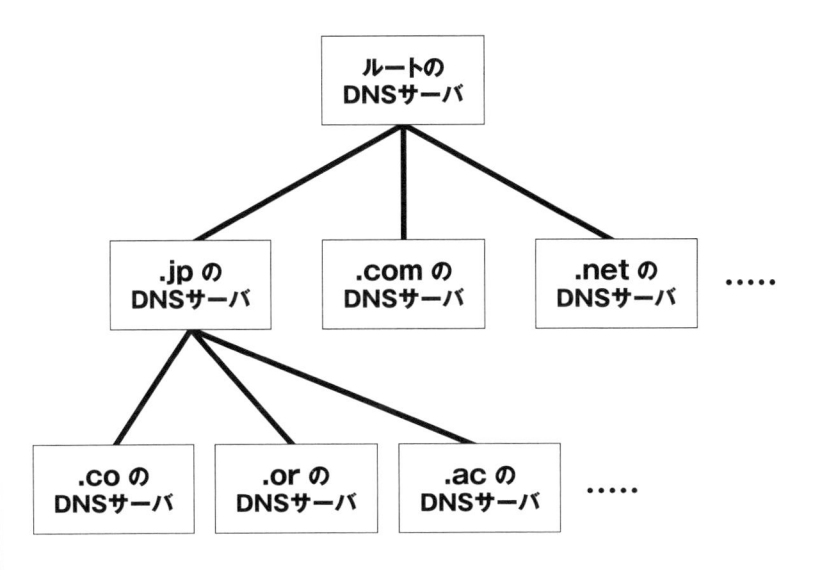

```
                    ルートの
                    DNSサーバ
           ┌───────────┼───────────┐
      .jp の        .com の       .net の        ‥‥‥
     DNSサーバ      DNSサーバ      DNSサーバ
    ┌───┼───┐
  .co の  .or の  .ac の   ‥‥‥
 DNSサーバ DNSサーバ DNSサーバ
```

多数のDNSサーバが階層構造を形成し、
役割分担をしながら問い合わせへの対応をしている

PART 1　インターネットのしくみ

section 6 インターネットのしくみ
モバイル・インターネット

　PART 1の最後は、携帯電話などのモバイル機器によるインターネットの利用について見ておきましょう。

(1) 携帯電話によるインターネット
　携帯電話でインターネットが使えるようになったのは、1999年のことでした。NTTドコモが「iモード」の名称で始めたインターネット接続サービスに他の事業者も追随し、いまではほぼすべての携帯電話が、インターネットを利用して電子メールを送受信したり、Webサイトを参照することができます。

　『ケータイ白書』（インプレスR＆D）によると、日本国内における携帯電話の契約台数は2008年時点で1億台を超えており、そのうちの90％、約9,000万台の携帯電話でインターネット接続契約が結ばれています。また同白書によれば、携帯電話・PHSユーザのうち30％を超えるユーザが「1日に1回も通話しない」と回答しています。このことから、携帯電話は「インターネット端末」としての性格を強めているといえます。

(2) 携帯電話の通信速度
　携帯電話はパソコンと比べて画面が小さい、入力はテンキーのみ、とさまざまな制約があります。特に、通信速度に関しては、パソコンのブロードバンド環境との間に大きな開きがあります。FTTH（光ファイバ）での実効平均速度が30Mビット／秒以上、ADSLでも10Mビット／秒以

上あるのに比べ、携帯電話のそれは300kビット/秒程度と、その差は30～100倍にもなります（Mは100万、kは1,000を表す）。これは、携帯電話用Webサイトの表現力や、楽曲ダウンロードなどのコンテンツビジネスにとって不利となります。

しかし、携帯電話の通信方式は日々改良が進められています。2010年代の半ばにはFTTHと同程度の通信速度を実現することを目指しており、通信速度面での不利は解消されていくことが期待されています。

(3) スマートフォン

「スマートフォン」は携帯電話機の一種ですが、PDA（Personal Digital Assitant；携帯情報端末）としての機能を強化したものです。通常の携帯電話機と比べて、①画面が広く高精細、②英字キーボードを備えている、③スケジュール帳・アドレス帳・メモ帳などのソフトウェアを搭載している、④Webページの参照や電子メールの送受信などインターネットに関する機能も強化されている、などの特徴があります。中には、Windows系の基本ソフトウェア（OS）を採用し、パソコンと同等の操作性を実現しているものもあります。

20代～30代の男性を中心にスマートフォンの利用は増えていますが、通常の携帯電話機と比較して販売価格が高く、操作性や料金体系も異なることから、通常の携帯電話機に取って代わるほど普及するかは未知数です。しかし、ビジネス分野、法人利用に限れば、今後は利用が進むものと考えられています。

(4) 公衆無線LAN

現在販売されているノートパソコンの大部分には、無線LAN機能が搭載されています。もともとは、オフィス内での無線LAN接続を想定して搭載された機能ですが、最近では公衆無線LANの利用が進んでい

ます。

　「公衆無線LAN」とは、街角でインターネットが使えるサービスの総称です。駅やホテル、飲食店などの公共施設に無線LANのアクセスポイントが設置されており、ユーザは無線LAN機能を搭載したスマートフォンやノートパソコンを使ってインターネットを利用することができます。通信速度は数Mビット/秒程度で、携帯電話によるインターネットよりも高速です。

　公衆無線LANのアクセスポイントは、都市部を中心に数を増やしています。東京都心部では、「点」から「面」への展開が進んでおり、今後もインフラとしての整備が期待されています。

(5) モバイル・インターネットとGPS

　モバイル・インターネットの最大の特徴は、その名のとおり「モバイル」、すなわち端末機を持ち歩くことで、場所を選ばずにインターネットが利用できる点にあります。

　スマートフォンを含む携帯電話機には、GPS（Global Positioning System；全地球測位システム）機能を搭載しているものが増えてきました。これまでも携帯電話は、基地局との通信によっておおよその現在位置がわかりましたが、GPS機能を活用することによって、より正確な現在位置を把握することができます。

　ユーザの現在位置が正確にわかることは、ユーザにとっての利便性が向上するだけでなく、各種のサービスを提供する企業にとっても大変魅力的です。例えば、Webサイト上に表示する広告を、ユーザの現在位置に近い店舗のものに差し替えるといったことが可能になります。

　詳しくはPART 6で述べますが、モバイル・インターネットの特性を活かしたマーケティング手法も日々考え出されています。

図1-09　公衆無線LAN

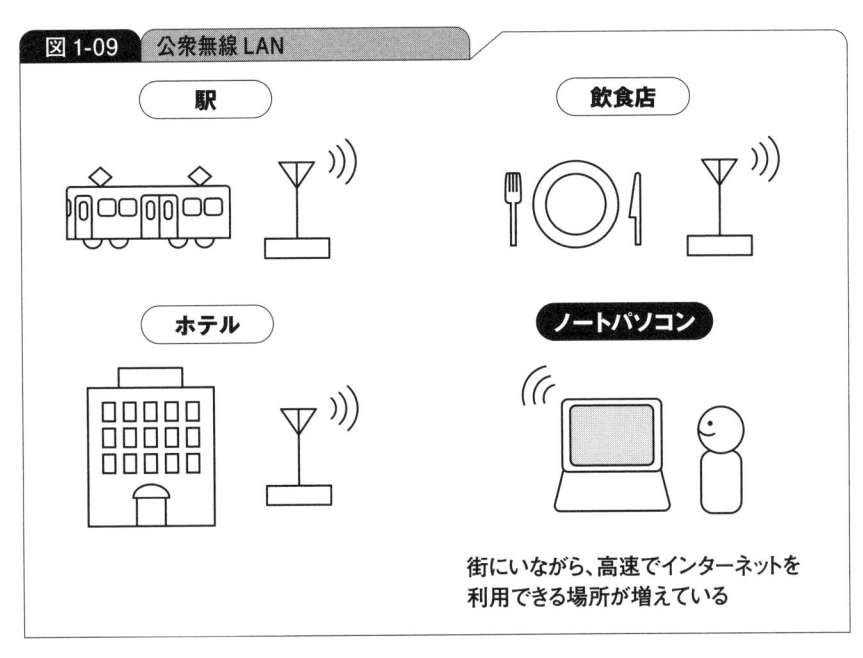

駅

飲食店

ホテル

ノートパソコン

街にいながら、高速でインターネットを利用できる場所が増えている

図1-10　GPS機能

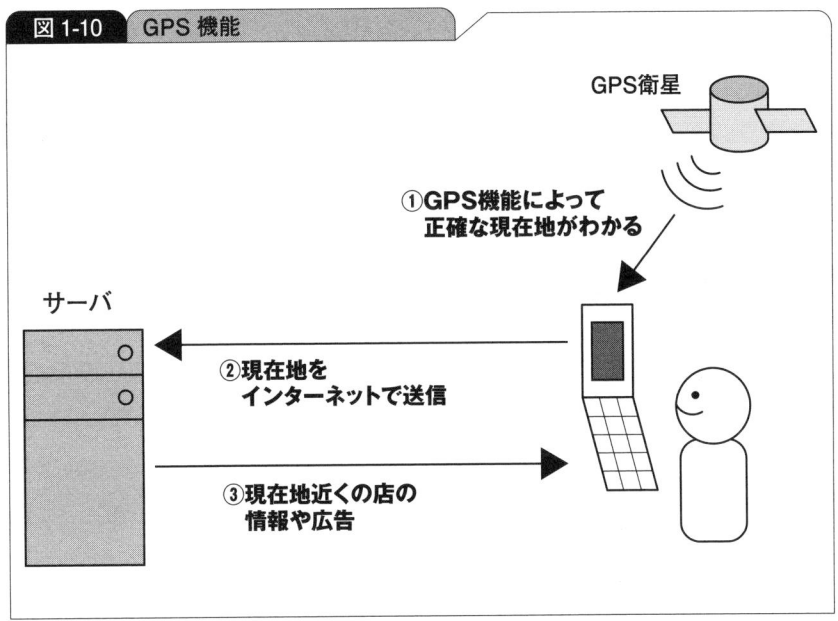

GPS衛星

①GPS機能によって正確な現在地がわかる

サーバ

②現在地をインターネットで送信

③現在地近くの店の情報や広告

PART 1　インターネットのしくみ

section 1　EC（電子商取引）の発展
section 2　BtoBの市場拡大
section 3　BtoCの動向
section 4　売り手から見たEC
section 5　買い手から見たEC
section 6　ロングテールの法則
section 7　AIDMAとAISAS
section 8　インストア・マーチャンダイジング（ISM）の応用

PART 2

EC（電子商取引）の発展

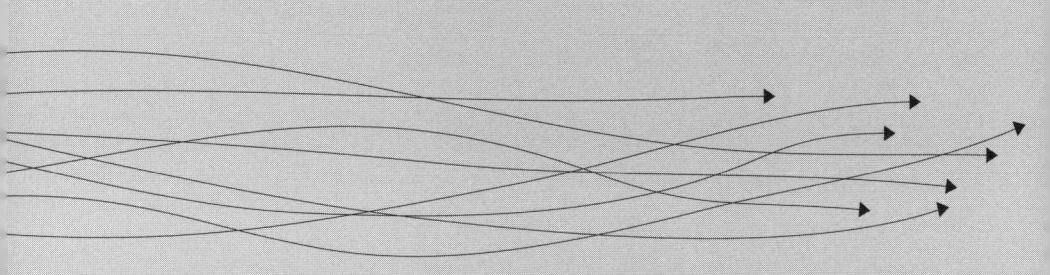

ECの発展がもたらす
消費行動の変化に、
企業はどのように対応すべきか

section 1　EC（電子商取引）の発展

EC（電子商取引）の発展

　PART 1では、主に技術的な側面から「インターネット」を紹介しました。PART 2では、インターネットを"どのように使うのか"という側面から、EC（電子商取引）について見ていきましょう。

(1) EC とは

　「EC」はElectronic Commerceの略で、「電子商取引」と訳されます。「Eコマース」ともいわれます。コンピュータネットワーク上で電子的に商談を行ったり、注文情報や決済情報を交換したりする商取引のことを総称してECと呼びます。インターネットの普及に伴い、いまでは「インターネットを利用して行われるビジネス全般」を指す言葉として使われています。

(2) EC の誕生と発展

　インターネットが普及する以前から、公衆回線や専用回線を用い、企業間の受発注データや決済データをオンラインで交換するEDI（Electronic Data Interchange；電子データ交換）といわれるしくみがありました。しかし、回線使用料やシステム開発などのコストが大きいことから、特定の企業間での取引に限られていました。

　インターネットの普及により、中小規模の企業にとってもEDIが身近なものとなりました。インターネットは、企業だけでなく一般家庭にも普及したため、企業同士の商取引に限らず、企業と消費者との間の商取引にも利用できるようになりました。

(3) ECの分類

「EC」という言葉が表す範囲は日々拡大していますが、誰と誰との間の商取引かという基準で、以下のように分類します。

- 企業と企業（BtoB）
- 企業と消費者（BtoC）
- 消費者と消費者（CtoC）
- 企業と消費者の間に企業（BtoBtoC）
- 行政と企業（GtoB）

(4) 企業と企業の商取引（BtoB；Business to Business）

企業同士で行われるECを、BtoBといいます。一般の消費者には見えにくい分野ですが、最も広く利用されているECといえるでしょう。section 2で詳しく紹介します。

(5) 企業と消費者の商取引（BtoC；Business to Consumer）

企業と消費者の間で行われるECをBtoCといいます。

市場規模（取引金額）で見ると、企業同士のEC（BtoB）に比べ、企業と消費者の間で行われるEC（BtoC）は、まだまだ小さいのが現状です。

しかし近年成長率が高く、今後の拡大も期待できるのが、このBtoCの分野です。インターネット・マーケティングの主戦場ともいえるでしょう。section 3で詳しく紹介します。

図 2-01　ECの分類

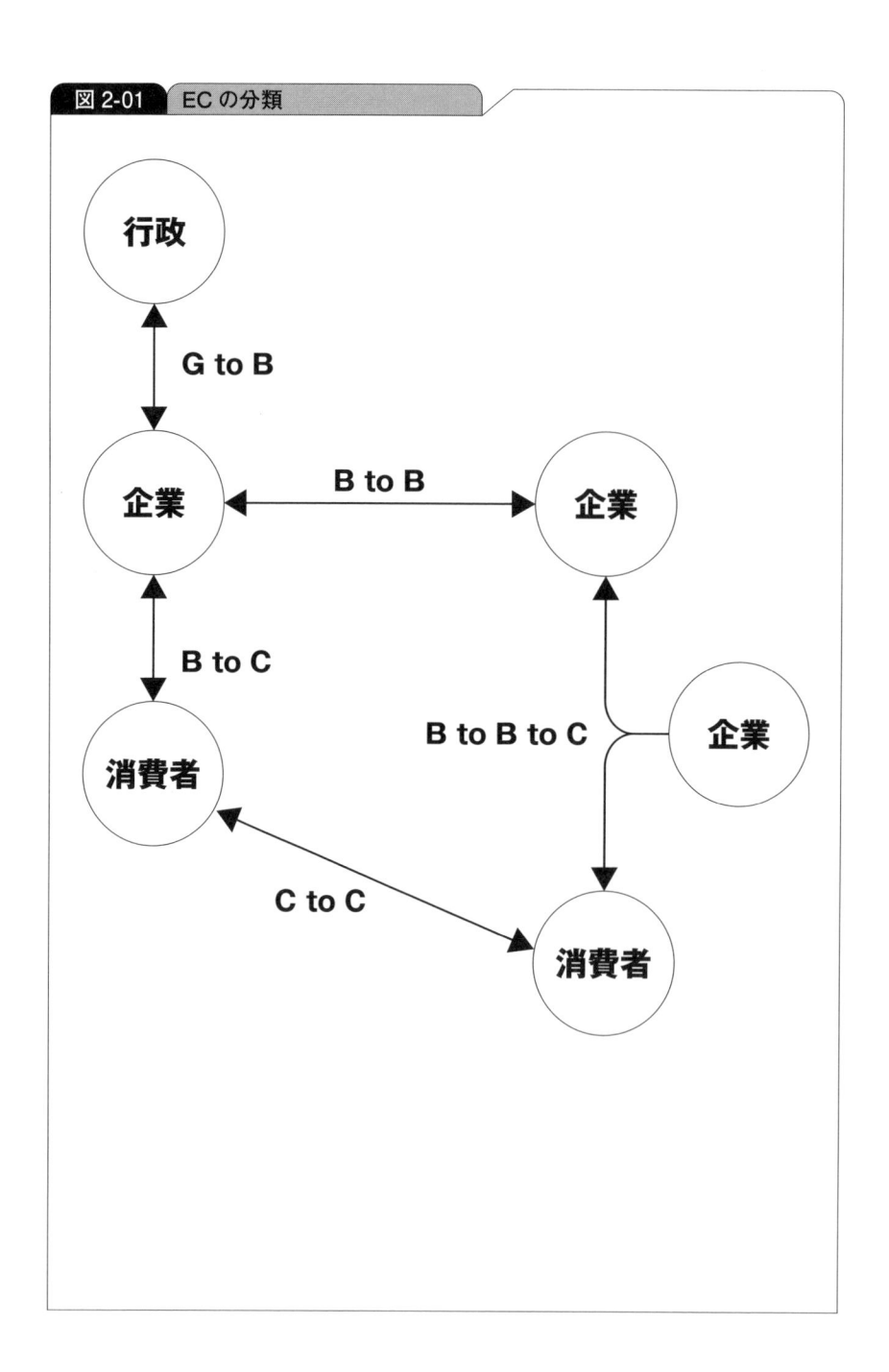

- 行政 ↕ 企業：G to B
- 企業 ↔ 企業：B to B
- 企業 ↕ 消費者：B to C
- 企業 → 企業 → 消費者：B to B to C
- 消費者 ↔ 消費者：C to C

(6) 消費者と消費者の商取引（CtoC；Consumer to Consumer）

消費者同士のECをCtoCといいます。

代表的なCtoCとして、ネットオークションがあります。取引自体は消費者間で行われますが、消費者と消費者を結びつけるための「場」を提供することがCtoCのビジネスモデルといえるでしょう。ネットオークションの場合、出品者や落札者からの手数料が主な収入源です。

(7) 企業と消費者とを、別の企業が結びつける商取引
  （BtoBtoC；Business to Business to Consumer）

企業が消費者を相手に商品を販売するのを、別の企業が手伝う形態のECをBtoBtoCといいます。BとCの間を、もう一つの「B」が結びつけていると考えるとわかりやすいでしょう。

具体的には、メーカーが提供する商品カタログを使って、ネットショップが消費者に販売する形態などがあります。ネットショップには、自社で商品カタログなどを作成しなくてよいというメリットがあります。メーカーには、ネットショップとその先にいる消費者を囲い込むことができるというメリットがあります。

(8) 行政と企業の商取引（GtoB；Government to Business）

行政（政府や地方公共団体などの行政機関）と企業の間で行われるECをGtoBといいます。

代表的なGtoBは「政府調達」といわれるもので、政府機関が購入予定の商品やサービスに関する情報を提供し、入札などによって購入先を決定します。政府機関は調達価格を下げることができ、企業には通常難しい政府機関との商取引に参入できるというメリットがあります。

section 2　EC（電子商取引）の発展

BtoBの市場拡大

　BtoBはBusiness to Business、すなわち企業と企業との間で行われるEC（電子商取引）のことです。経済産業省の調査によると、2007年のわが国のBtoB市場規模は253兆円にもなります。インターネットを利用したECに限ると162兆円となりますが、どちらの金額も米国の市場規模（BtoB市場全体で207兆円、インターネット利用に限ると104兆円）を大きく超えることから、日本はBtoBが最も発達している市場であるといえます。

　ここでは、BtoBを理解するうえで重要なキーワードをいくつか紹介します。

(1) 電子調達とは

　電子調達とは、企業の調達活動にインターネットを利用するしくみの総称です。

　従来、企業が資材や消耗品を購入する場合には、複数の納入業者から見積書を取り寄せ、最も安い価格を提示した業者から購入する「相見積もり」と呼ばれる方法が一般的でした。しかしこの方法だと、さらに安い価格を提示できる業者があっても、その業者を見つけることはできません。

　インターネットを使うと、これまで取引のなかった業者からも見積書を手に入れることができます。見積金額を互いにオープンにすることで業者間の競争が促されるため、さらなる価格の低下も期待できます。いわば"逆オークション"ともいえるしくみで、企業が原料や部品などを

大量購入する際に有効な手段です。

　オフィス用品や消耗品などの場合は、納入業者が電子カタログを用意し、企業はその中から必要な商品を発注する方式が一般的です。この場合、納入業者はいかに多くの商品をカタログにそろえるか、いかに短い納期で商品を届けることができるのかが差別化のポイントになります。

(2) e マーケットプレイス

　e マーケットプレイスとは、複数の売り手と複数の買い手が参加する、インターネット上の取引所です。電子調達と異なる点は、企業と企業との間に「取引所」となる企業が入り、売り手と買い手との関係を仲介していることです。

　食品、衣料、電子部品など、さまざまな分野に特化した「取引所」があります。いずれも、実際の"建物"があるわけではなく、インターネット上のWebサイトがその役割を果たしています。Webサイトを通じて、買い手企業と売り手企業がオープンな取引を直接行うことができるため、中間流通業者を省くことができ、流通コストを削減できます。

(3) EDI とは

　EDI（Electronic Data Interchange；電子データ交換）とは、企業間の商取引情報を、あらかじめ定められた通信規約にしたがい、コンピュータネットワークを通じて交換することをいいます。

　EDIが登場するまで、商取引情報のデータ交換は、取引先ごとに定められた通信規約によって行われていました。複数の取引先がある場合、企業は取引先ごとに専用の端末、専用の回線を用意する必要があるなど、企業にとっての負担は大きなものでした。

　そこで考え出されたのがEDIです。EDIでは、業界ごとに標準的な通信規約を定めて導入することが推進されたため、企業は端末やシステム

の共通化ができ、負担も軽減されました。

(4) Web-EDI

　インターネットの普及は、EDIにも影響を与えます。それまでのEDIは専用の通信回線を利用していましたが、インターネットを利用することで、通信コストを大きく削減することが可能になりました。ECOM（次世代電子商取引推進協議会）の調査によると、2003年の段階で、EDIの85.3%がインターネットを利用しています。

　現在では、ほぼすべてのEDIがインターネットを利用しているといってもよいでしょう。

　インターネットを利用するEDIには、①ファイル転送型、②電子メール型、③Web型の3つがあります。交換するデータ量が大きい場合はファイル転送型が効率的ですが、Web型は端末がパソコンとブラウザだけでよいため、導入コストを抑えられます。

(5) ASP

　企業間の商取引には、モノだけでなく「サービス」（役務）の提供も含まれます。サービスの提供形態のひとつとして、ASP（Application Service Provider）があります。

　ASPとは、サービス事業者がコンピュータシステムを所有し、インターネットを通じて使用権のみを提供するしくみのことです。利用者は自らシステムを保有することなく、システムによってもたらされる便益だけを手に入れられます。最近では、SaaS（Software as a Service）と呼ばれることもあります。

図 2-02　eマーケットプレイス

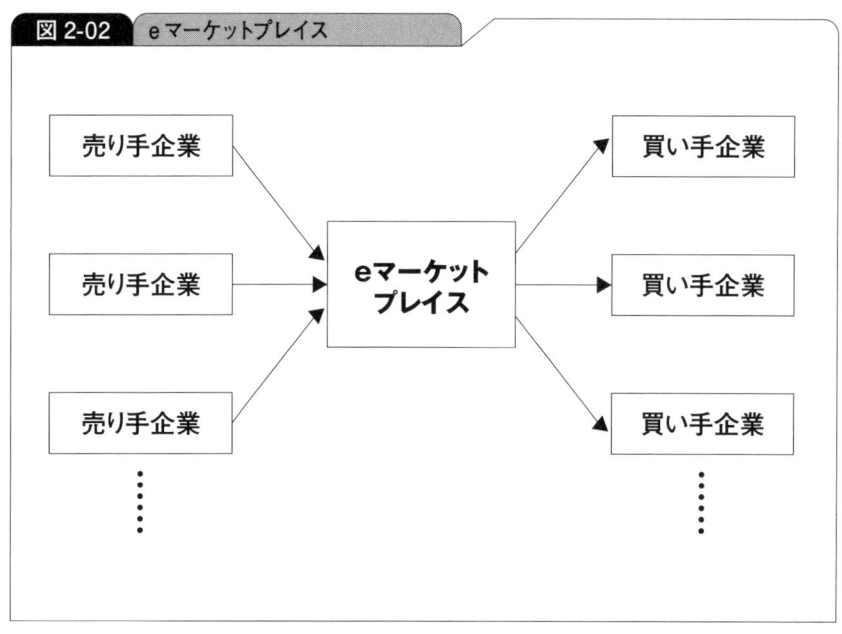

売り手企業 → eマーケットプレイス → 買い手企業
売り手企業 → eマーケットプレイス → 買い手企業
売り手企業 → eマーケットプレイス → 買い手企業

図 2-03　EDI

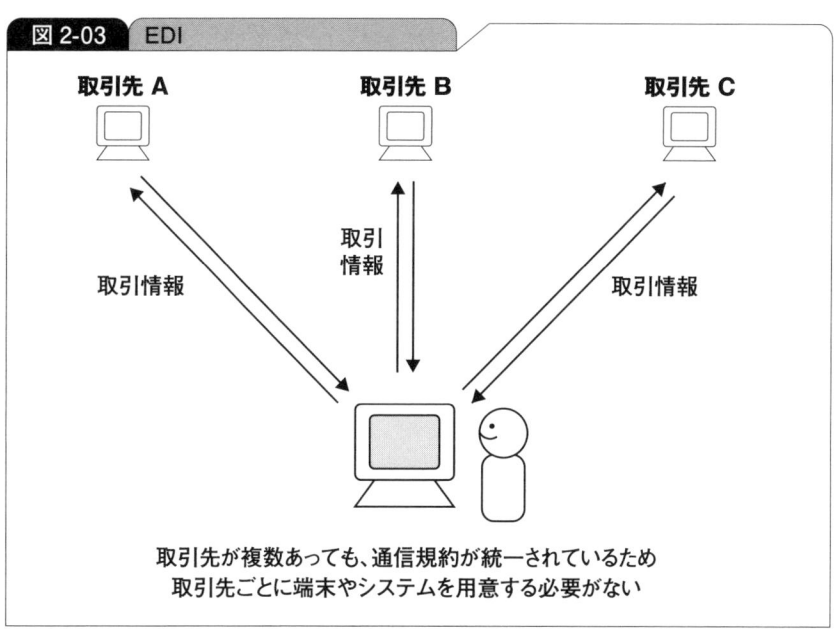

取引先 A　　取引先 B　　取引先 C

取引情報　　取引情報　　取引情報

取引先が複数あっても、通信規約が統一されているため
取引先ごとに端末やシステムを用意する必要がない

PART 2　EC（電子商取引）の発展

section 3　EC（電子商取引）の発展

BtoC の動向

　BtoCはBusiness to Consumerの略で、企業と消費者との間のEC（電子商取引）を表します。経済産業省の調査によると、2007年のわが国のBtoC市場規模は5.3兆円です。BtoB市場の253兆円と比べると、まだまだ小さな市場です。一方、米国のBtoC市場規模は22.7兆円にのぼります。この差は日本と米国の消費性向の違い、地理的な条件などが要因として考えられますが、日本のBtoC市場にはまだ成長の余地があるともいえます。
　ここでは、BtoCを理解するうえで重要なキーワードをいくつか紹介します。

(1) ネットショップ
　BtoCの最も一般的な形態は、ネットショップ（電子商店）でしょう。インターネット上に"商店"となるWebサイトを構築し、消費者に商品を販売する方式です。「インターネット白書」によると、インターネット利用者の80％以上が、ネットショップでの商品購入経験があると回答しています。
　世界的に有名なネットショップのひとつに、米Amazon.com（以下Amazon）があります。書籍販売からスタートし、今ではCD・DVD、家電製品、パソコン、衣料品など、多岐にわたる商品を販売しています。
　Amazonのような大規模なネットショップを構築するのは容易ではありません。小規模であっても、品ぞろえに特色をもたせることによって"オンリーワン"のネットショップであると消費者に認知させることが

できれば、日本全国、海外からの集客も可能です。

(2) インターネットモール

　ネットショップを開設しても、その存在を消費者に知ってもらうのは大変です。そこで、実際の小売店舗のように、消費者が集まるショッピングモールに出店することができれば、認知度の向上や客数の増加が期待できます。

　インターネットの世界にも、ネットショップを集めた「インターネットモール(電子商店街)」があります。買い物をする消費者は、まずインターネットモールを訪れ、商品を比較検討します。国内の代表的なインターネットモールに楽天市場があります。

　独自の集客が難しい小規模ネットショップにとって、インターネットモールへの出店は、顧客増につながります。

(3) ポータルサイト

　「ポータル(portal)」とは、「玄関」という意味です。「ポータルサイト」は、利用者にとっての「インターネットへの玄関」となることを目的としたWebサイトを指します。

　代表的なポータルサイトとして、Yahoo!やGoogleがあります。Yahoo!やGoogleは、インターネットの検索サービスとして有名ですが、検索サービス以外にもさまざまなサービスを提供しています。

　私たちは、さまざまな目的をもってインターネットを利用しています。「まずはポータルサイトを開いて、そこから探そう」と利用者に思わせるのがポータルサイトの目的です。

　ポータルサイトに多くの利用者が訪れるようになれば、インターネットモールにも多くの消費者を誘導することができ、広告媒体としての価値も向上します。

図 2-04　インターネットモール

○×市場
- 家電のA商店
- スポーツ用品のBショップ
- 時計・貴金属のC屋

A商店
Bショップ
C屋

ここに来れば
なんでもそろって
いるので便利！

インターネットモールは、たくさんの
ネットショップが出店する"商店街"

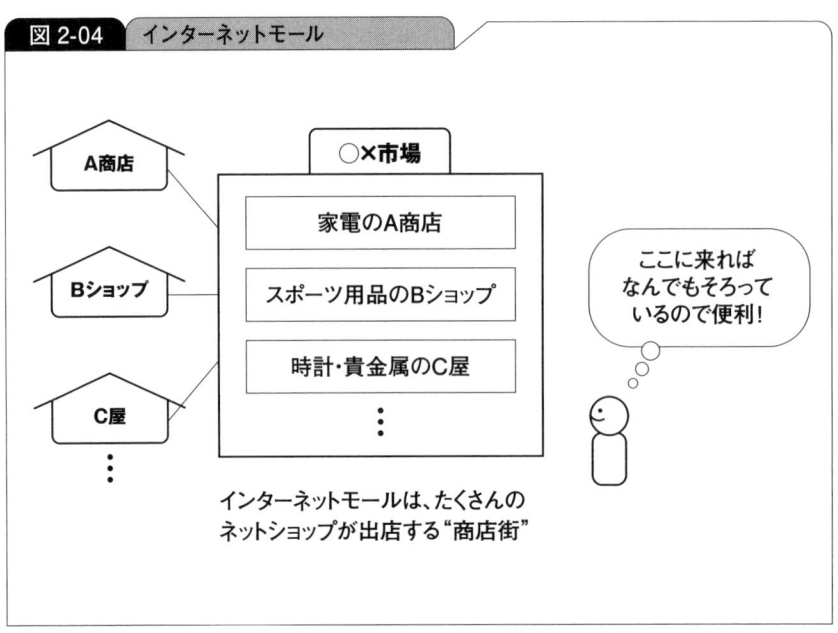

図 2-05　ポータルサイト

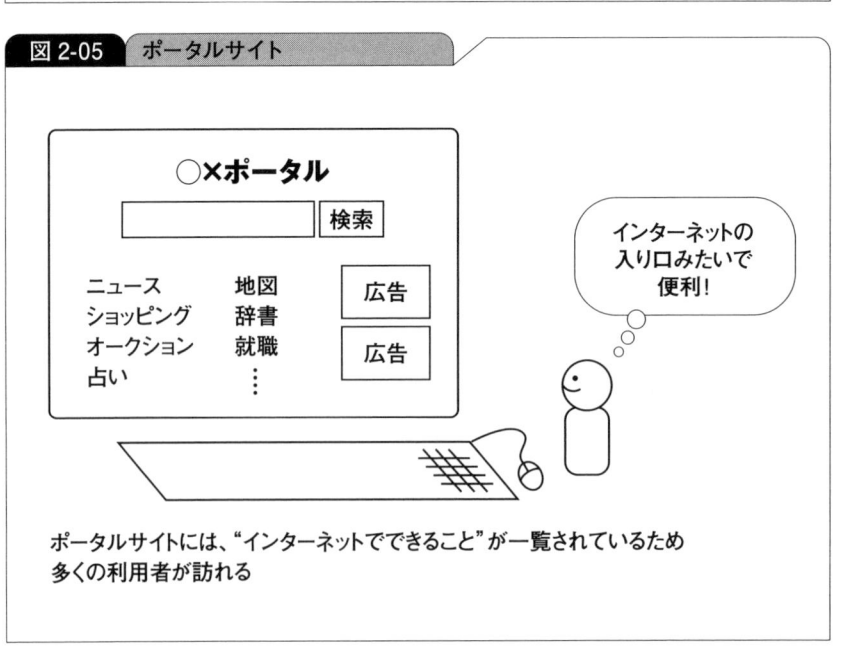

○×ポータル
[　　　　　] 検索

ニュース　　地図　　　広告
ショッピング　辞書
オークション　就職　　広告
占い　　　　　…

インターネットの
入り口みたいで
便利！

ポータルサイトには、"インターネットでできること"が一覧されているため
多くの利用者が訪れる

(4) クリック＆モルタル

クリック＆モルタル（Click & Mortar）とは、実際の店舗とネットショップの両方を開設し、相乗効果を得ようとする手法です。

ネットショップ開設の実態を見ると、実際の店舗（「実店舗」や「リアル店舗」といいます）を運営している商店主が、売上の向上を目指してネットショップを"併設"する例が少なくありません。その場合、ネットショップの売上が向上しても、実店舗の売上が減少しては意味がありません。

そのため、実店舗とネットショップとを結びつけ、両方の売上を向上させようという考え方が必要です。

ネットショップを利用する消費者は、あらかじめ「欲しいもの」を明確にしている場合が多く、関連購買（購入した商品に関連する商品を"ついでに"買うこと）や想起購買（欲しかった商品を"思い出して"買うこと）をしません。

ネットショップ利用者を実店舗に誘導できれば、店頭での関連購買や想起購買、衝動購買（いわゆる"衝動買い"）を誘発できます。

(5) コンテンツビジネス

ソフトウェアや画像、音楽などのコンテンツを、インターネットを通じて有料で販売するビジネスです。特に、楽曲のインターネット販売は成長が著しく、「インターネット白書」の調査では、有料コンテンツ購入経験者の53.9％が「音楽ファイルのダウンロード」を利用したと回答しています。携帯電話による着信音の有料ダウンロードサービスの利用も盛んです。

section 4　EC（電子商取引）の発展

売り手から見たEC

　ここまでは、EC全体について見てきました。ここからはBtoC、すなわち企業と消費者とがインターネットを介して行う商取引について考えていきましょう。

　これまで実店舗で商品を販売してきた企業にとって、ネットショップとはどのようなものでしょうか。ECは、実店舗にどのような影響を与えるのでしょうか。

(1) 商圏の拡大

　実店舗には、「商圏」と呼ばれるものがあります。商圏とは「自店に来店する顧客が住む地理的範囲」のことで、業種・業態、ライバル店、地形など、さまざまな要因によってその形、大きさが決まります。

　ネットショップを開設すると、商圏の制約がなくなります。インターネット上のネットショップには、世界中のどこからでもアクセスすることができ、商圏は全世界に広がります。言語の問題は残りますが、海外に住む日本人や、日本や日本語に深い関心を持つ外国人からの注文があるかもしれません。

　商圏の拡大は良いことばかりではありません。言い換えると、「全世界のライバル店と戦わなくてはならない」ことを意味するからです。したがって、インターネット上にある無数のネットショップの中から自店を見つけてもらう、知ってもらうための努力が必要です。

(2) 営業時間の拡大

　商圏の拡大とも関係しますが、インターネット上のネットショップには「営業時間」という概念がありません。24時間、365日オープンしているのが当たり前です。

　実店舗の営業時間を延長する、あるいは24時間営業に変更すると、大変なコストがかかります。それと比較すると、ネットショップには店員を常駐させておく必要がないため、24時間365日オープンのための余分なコストはかかりません。

　しかし、いざ顧客からの注文が入った場合には、素早い対応が要求されます。インターネットから注文をしてくる顧客は、「今すぐにでもその商品を欲しい」と思っていることが多いのです。店に出かける、店で探す時間が惜しくて、インターネットで注文している可能性が高いためです。

　定休日だから、年末年始だからといって顧客への返答が遅れたり、納期が約束できなかったりすると、顧客は他のネットショップに行ってしまいます。

(3) 品ぞろえの多様化

　実店舗には、「店舗面積」という物理的な制約があります。どれだけ多くの商品を並べようと思っても、店舗面積以上の「売場」を作ることはできません。陳列の方法を工夫して、なるべく多くの商品を並べることも不可能ではありませんが、そのような陳列は店舗の雰囲気や格を落とす可能性があります。商品が天井近くまで積み上げられていたり、人がすれ違えないほど通路が狭かったりすると、来店客は落ち着いて買い物を楽しむことができません（「量感陳列」といって、そのような陳列を意図的に行うこともあります）。

　しかし、ネットショップであれば、店舗面積による制約を受けること

はありません。並べたい商品をすべて並べることも可能です。在庫の保管という問題は残りますが、実店舗に比べ、ネットショップは「品ぞろえ」の自由度が格段に高くなります。

(4) 流通チャネルの短縮化

　商品は通常、メーカー→卸→小売→消費者というルートで流通します（これを「流通チャネル」といいます）。卸はさらに1次卸、2次卸……と多段階であることが多く、商品は複数の企業を経由して消費者のもとに届けられます。

　卸売業には需給調整、物流の効率化といった機能があるため、これまでの商品流通において重要な役割を果たしていました。

　ところが、ECの普及によって従来の流通経路に変化が生じています。メーカーがWebサイトを使って消費者に直販する、あるいは小売店が卸を通さず、メーカーから商品を直接仕入れるというスタイルが増えてきているのです。

　流通経路が短くなることは、消費者にとってはうれしいことです。ひとつの商品の流通に関わる企業が少なくなると、商品価格に上乗せされる中間マージンも少なくなり、その結果として商品の価格が下がるためです。

　しかし、このような流通経路の短縮（「中抜き」とも呼ばれます）は、既存の卸売業や小売業にとっては脅威です。商品が自社を通り越して消費者のもとに届けられるため、自社の存在意義すら問われかねません。

　そのため、卸売業を中心とする中間流通業者には、eマーケットプレイスの開設など、EC時代に即した新しいサービスと存在価値を提供することが求められています。

(5) 参入機会の拡大

　小売業を始めようと思ったら、これまでは実店舗の開店が普通でした。それには建設費や改装費、保証金など、多くの初期費用が必要です。

　ネットショップの開店には、それほど費用はかかりません。もちろん、Webサイトの構築費はかかりますが、実店舗の開店にかかる初期費用と比べると、はるかに少なくてすみます。

　これは、ビジネスへの参入が容易であることを意味します。少ない元手でビジネスを開始することができるため、開業希望者にとってのチャンスが広がります。

　eマーケットプレイスなどを利用すれば、これまで取引のなかった企業との取引が始められる可能性も高まります。

　同時に、ライバルによる参入も容易であることを忘れてはなりません。同業者のみならず、異業種からの参入も考えられます。

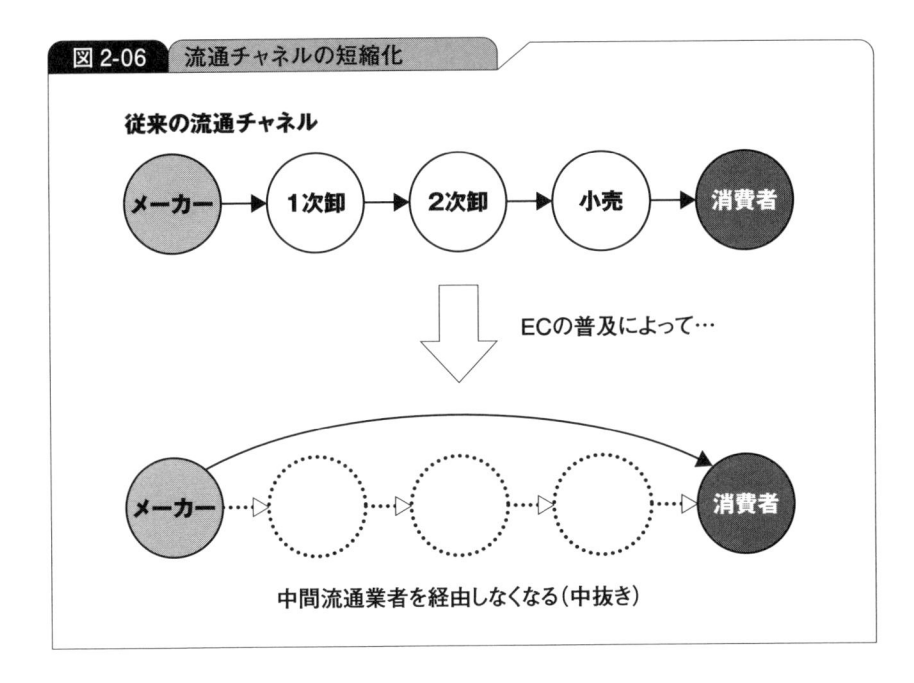

図2-06　流通チャネルの短縮化

従来の流通チャネル

メーカー → 1次卸 → 2次卸 → 小売 → 消費者

ECの普及によって…

メーカー ⇢ ⇢ ⇢ ⇢ 消費者

中間流通業者を経由しなくなる（中抜き）

section 5　EC（電子商取引）の発展

買い手から見たEC

　section 4では売り手側から見たBtoC、すなわち実店舗とネットショップとの違いを紹介しました。section 5では、買い手側から見たBtoCについて考えます。

　ECが普及するまでの長い間、私たち消費者の購買行動といえば、実店舗での「買い物」がほぼすべてでした。テレビショッピング、カタログショッピングといった通信販売はありましたが、家計消費に占める割合は小さく、あくまで"脇役"という位置づけでした。

　しかし、インターネットの普及によって様相は一変しました。最寄りの実店舗で容易に手に入る商品でさえ、ネットショップで購入するという層が登場したのです。多忙な独身者の中には、日用品を含めたすべての買い物を、インターネット通販で済ませるという人たちも存在しています。

　消費者にとって、BtoCはどのようなものか、また実店舗での買い物とはどのように異なるのか、いくつか見ていきましょう。

(1)「時間」の解放
　ネットショップは24時間、365日オープンが普通です。店舗の営業時間を気にする必要がないので、"いつでも"買い物ができます。これは、商品を「欲しい」と思ってから、実際に購入するまでの時間が短くなることを意味しています。

(2)「場所」の解放

実店舗に行かなくても、インターネットに接続していれば、あるいは携帯電話さえ持っていれば、"どこでも"買い物ができます。遠距離で実際に訪問することが難しい店舗でも、ネットショップが開設されていれば、手軽に利用することができます。

(3)情報収集の容易さ

これまでは、商品・サービスについての情報を知りたくても、メーカーや販売店による情報を信じるしかありませんでした。そうして手に入れた情報は、メーカーや販売店にとって都合のよい情報ばかりで、消費者が本当に知りたい情報、批判的な情報は含まれていない可能性が高かったのです。

インターネットが普及した現在では、消費者は商品名・サービス名を検索エンジンに入力するだけで、実際にその商品・サービスを手にした消費者からの"生の声"を集めることができます。消費者は、多面的な情報をもとに、商品・サービスを検討できるようになりました。

(4)商品・サービスの比較検討

(3)の情報収集とも関連しますが、消費者は多くの情報に触れることができるため、商品・サービスの購入にあたって「比較」が容易になりました。

「どの商品・サービスを購入すべきか」という比較に加え、「実店舗・ネットショップのどちらから購入すべきか」、あるいは「どのネットショップで購入すべきか」という比較の重要度も増しています。複数のネットショップの販売価格を一覧できるWebサイトもあるため、「一番安いネットショップで買う」といった店探しが容易になりました。

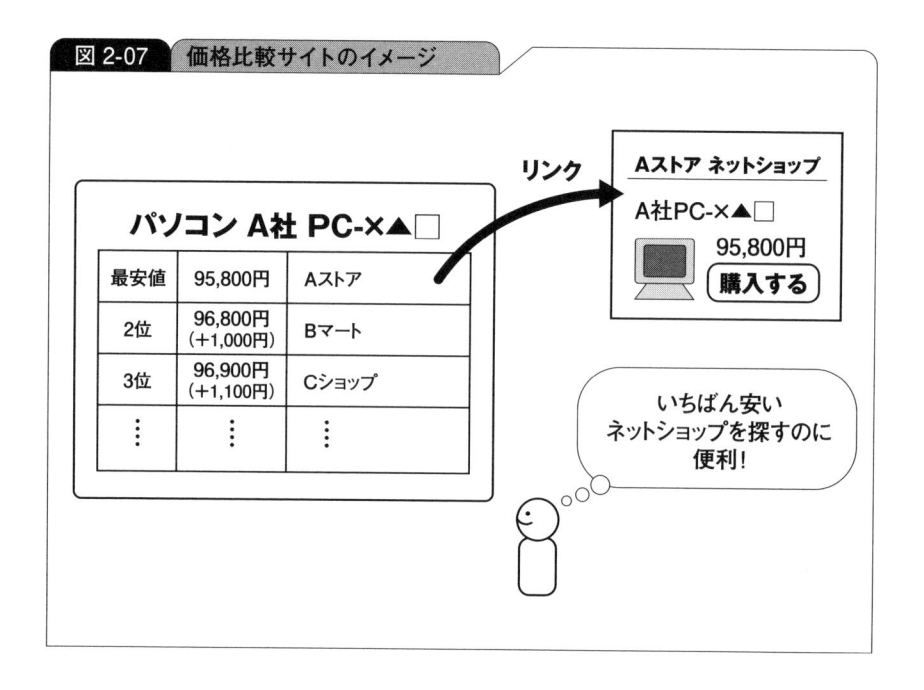

図 2-07　価格比較サイトのイメージ

	パソコン A社 PC-x▲□	
最安値	95,800円	Aストア
2位	96,800円 (+1,000円)	Bマート
3位	96,900円 (+1,100円)	Cショップ
⋮	⋮	⋮

リンク → **Aストア ネットショップ**
A社PC-x▲□
95,800円
[購入する]

いちばん安いネットショップを探すのに便利!

(5) 顔が見えない

　一概に「一番安いネットショップで買う」ことがよいかというと、必ずしもそうとは考えないのが消費者の心理です。

　実店舗での売買とは異なり、ネットショップでは「相手の顔」が見えません。商品の引き渡しより先に代金の支払いを求められる場合、「品物が届かなかったらどうしよう」という不安がつきまといます。そのため消費者は、「ここなら安心」と思えるようなネットショップを探します。

(6) 商品が見えない、返品・交換

　(5)とも関係しますが、消費者は、購入する商品そのものを見て、触ることができません。いざ届いてみたら、思っていた商品とは違った、ということもあります。注文したものと異なる商品、あるいは不良品が届くこともあります。

そのため消費者は、返品・交換の条件についても注目しながら、ネットショップを選んでいます。最近では、無条件の返品・交換を受け入れるネットショップも増えてきました。
　実際の商品は実店舗で確認し、家に帰ってからネットショップで注文するという消費者もいます。

(7) 代金の支払方法
　実店舗での買い物の場合、商品の代金は、商品の引き渡しと同時に現金で支払うのが一般的です。
　しかし、ネットショップの場合、現金を受け渡すことができません。そのため、銀行振込、クレジットカード、代金引換などによって決済をする必要があります。
　これも (5) と関係しますが、事前に代金を振り込むことや、クレジットカード情報を知らせることに不安を抱く消費者は少なくありません。また代金引換は、運送業者に支払う手数料が割高になるという難点もあります。
　今後も、クレジットカードが決済手段の主役であることは間違いありませんが、少額決済、特に楽曲などのコンテンツ販売などにおいては、電子マネーの台頭が考えられます。
　電子マネーにはICカード型、ネットワーク型などがありますが、家庭用のパソコンの中には、ICカードリーダを搭載しているものもあります。

section 6　EC（電子商取引）の発展

ロングテールの法則

　section 4とsection 5では、ECが売り手と買い手のそれぞれにどのような影響を与えるのかを見てきました。しかし、ネットショップを理解するうえで重要な考え方がもうひとつあります。

　それは「ロングテールの法則」といわれるものです。ネットショップが実店舗に対して優位に立つためにぜひとも理解しておきたい、そして実践したい内容です。以下に、順を追って見ていきましょう。

(1) ABC分析とは

　みなさんが、実店舗の店長を任されたとしましょう。店長には、店の売上をできる限り大きくするという使命があります。しかし、店舗の売場面積には限りがあるため、売れそうな商品をなんでもかんでも並べるというわけにもいきません。

　では、どうすべきか。おそらくは、「売れ筋の商品を中心に並べればよい」ということに気づくと思います。売上データを分析し、あまり売れていないもの、今後売れそうもないものは売場から取り除きます。そして生まれたスペースに、よく売れているもの、今後売れそうなものを並べれば、売上の向上が期待できます。

　もうひとつ例をあげてみましょう。店長のあなたの手元には、顧客リストがあります。来月行うセールに多くの顧客に来てもらいたいため、ダイレクトメール（DM）を送ることにしました。顧客リストの全員に宛ててDMを送ってもいいのですが、DMを送るには1通当たり数十円のコストがかかるため、なるべく少ない量のDMで多くの顧客を呼びた

図 2-08　ABC分析

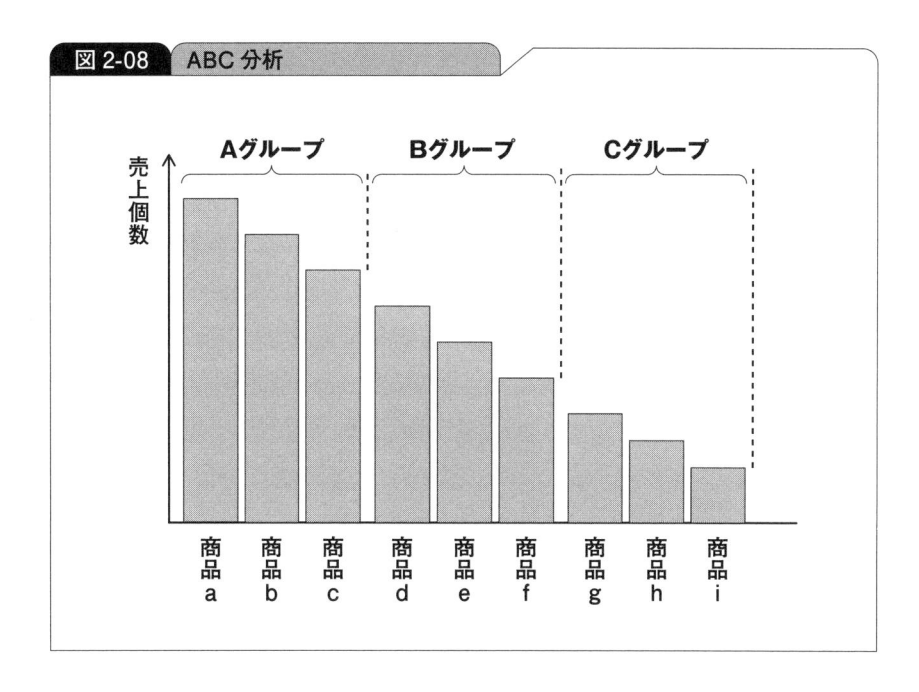

いと考えています。

　顧客リストには、過去に一度だけ買い物に訪れた顧客も、頻繁に来店し多くの商品を購入してくれる顧客（いわゆる"お得意様"）も載っています。そこで店長は、お得意様を中心にDMを送ることに決めました。

　商品と顧客という2つの例を紹介しましたが、考え方は同じです。商品には売れる商品（売れ筋商品）と売れない商品（死に筋商品）があり、店舗の売上の大部分は売れ筋商品が占めています。顧客にも"お得意様"とそうでない顧客がいて、店舗の売上の大部分は"お得意様"によるものという考え方が普通です。

　上の図は、商品を売上高順に並べたグラフです。このようなグラフを作成し、商品をAグループ、Bグループ、Cグループ……と分類することをABC分析といいます。ABC分析を行うことで、「Aグループの商品は陳列棚を増やす」「Cグループの商品は取り扱いを中止する」といっ

た管理が可能です。

(2) 80対20の法則

　一般的に「店舗の売上の80%は20%の商品によるもの」とされています。同様に「店舗の売上の80%は、20%の顧客によるもの」ともいわれます。

　これを「80対20の法則」と呼び、実店舗で効率よく売上を上げるには大切な考え方とされていました。裏を返すと、死に筋商品や"お得意様"でない顧客は切り捨てざるを得なかったのです。

　「80対20の法則」は、ビジネスにおいて大切な考え方です。しかし、その考え方の前提にはいくつかの「制約」がありました。店舗の売場面積には限りがあるため、すべての商品を並べることはできない。顧客にセールの案内をするためのDMを発送するにはコストがかかる——。

　それらの制約は、ECによって解消することができます。ネットショップには物理的な「売場」が必要ないため、並べたい商品をいくつでも並べることができます。セールの案内を電子メールで送れば、コストはほとんどかかりません。つまり、ネットショップをはじめとするECの世界では、80対20の法則にしばられる必要がなくなります。

(3) ロングテールの法則

　EC、特にBtoCビジネスで成功するための考え方として注目されたのが、「ロングテールの法則」です。

　ロングテールの法則では、さきほどの「80対20の法則」で切り捨てていた商品に注目し、少しでも売れる可能性のある商品であれば積極的に商品ラインナップに加えます。一つひとつの商品の売上は小さくとも、「ちりも積もれば山となる」のたとえどおり、合計すると売れ筋商品による売上を超える可能性すらあるのです。

図 2-09　ロングテールの法則

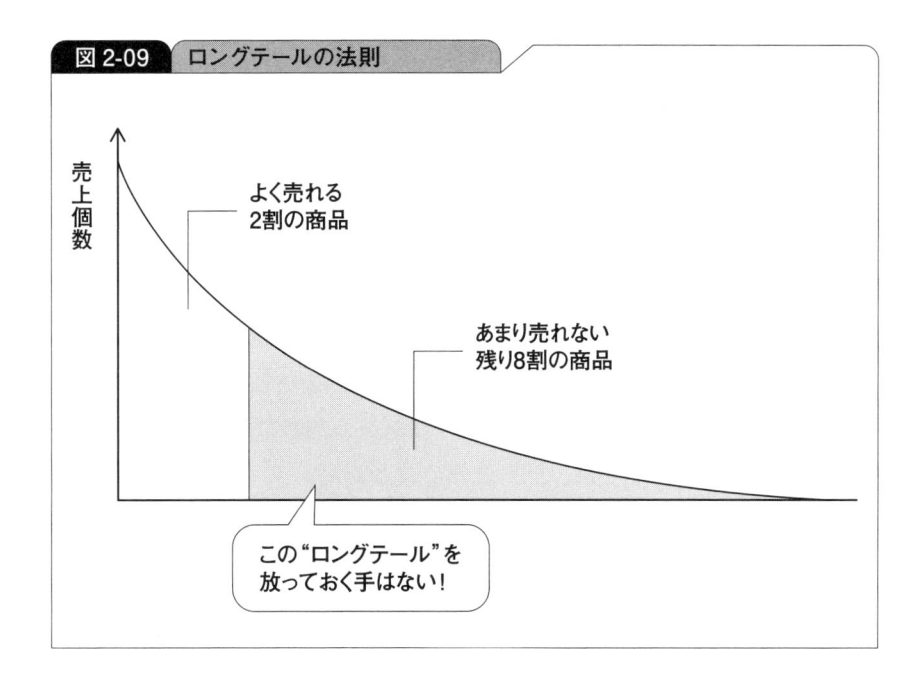

売上個数

よく売れる
2割の商品

あまり売れない
残り8割の商品

この"ロングテール"を
放っておく手はない！

　ロングテールの法則を体現した企業の代表格として、Amazonがあります。Amazonでは、年に数冊しか売れない書籍も商品ラインナップに加えています。一般の書店では、そのような書籍は並べられませんが、陳列スペースが事実上無制限のネットショップであれば、そういった品ぞろえが可能です。

　消費者に「Amazonに行けば、どんな本でも手に入る」と認知されれば、"年に数冊しか売れない"書籍を探す人がAmazonに集まります。その結果、Amazonの売上の半分以上がこうした書籍によるものといわれています。

　現実問題として、在庫をどうするのかといった点を考える必要はあります。ネットショップでは、「売れ筋商品に絞った品ぞろえをする」という従来のマーケティングの常識にとらわれる必要はないのです。

section 7　EC（電子商取引）の発展

AIDMA と AISAS

　私たちは日々、さまざまな買い物をしながら暮らしています。その中には、店で突然欲しくなった商品もあれば、「ずっと欲しいと思っていたけれど、やっと買うことができた」という商品もあると思います。生活していくうえで必要不可欠だから買う商品もあれば、趣味・娯楽のため、"買い物そのものを楽しむ"ために買う商品もあるでしょう。

　消費者が、商品やサービスを購入するまでの過程はさまざまです。しかし、消費者が商品・サービスを購入するまでに、どのような心理が働き、またどのような行動が伴うのかを知っておくことは、効果的なマーケティングを行ううえで大変重要です。

　ここでは、消費者行動分析の代表的なモデルを2つ紹介します。

(1) AIDMA モデルとは

　消費者が商品やサービスをはじめて知ってから、実際に購入するまでの心理的なプロセスを表したモデルの一つが、AIDMA（アイドマ）モデルです。

　消費者は、TVCMや雑誌広告などによって、商品・サービスの存在を知ります（Attention；注意）。数ある商品・サービスの中から、消費者はいくつかの商品・サービスに関心を持ち（Interest；関心）、ついにはその商品・サービスが欲しくなります（Desire；欲求）。そして、今度店に行ったら買ってみよう・機会があったら利用してみようと覚えておき（Memory；記憶）、実際に店で購入する・利用する（Action；行動）という過程をたどります。

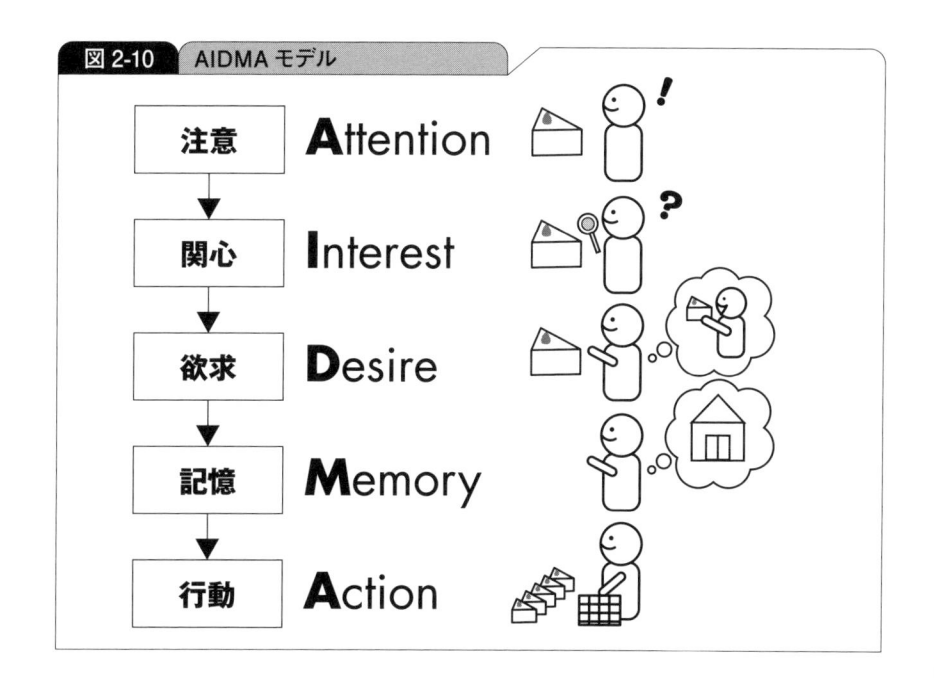

図 2-10　AIDMA モデル

注意 → **A**ttention
関心 → **I**nterest
欲求 → **D**esire
記憶 → **M**emory
行動 → **A**ction

　AIDMAとは、このAttention、Interest、Desire、Memory、Actionの頭文字を並べたものです。

　AIDMAモデルはどのように活用できるのでしょうか。

　例えば広告は、「注意」の段階に与える影響は強いものの、「関心」「欲求」と段階が進むにつれ、消費者に与える影響力が弱まります。一方、口コミは、「関心」や「記憶」段階に強く作用します。「行動」の段階には、販売員やWebサイトでの"押し"が最も効果的です。

　すなわち、広告は「商品を知ってもらう」ことに重点を置いた内容にするのが望ましく、「商品を買ってもらう」ことに重点を置いてもそれほど効果がないといえます。口コミをコントロールすることができれば、商品に対する関心が関心を呼び、"ヒット商品"が生み出される可能性もあります。

(2) AISAS モデルとは

　AIDMAモデルは、消費者の行動や心理状況を分析するための有用なツールです。しかしAIDMAモデルが考え出されたのは、今から100年近くも昔です。インターネットが普及した現在では、"古くさく"感じる方もいるでしょう。

　例えば、ある商品を欲しいと感じたら、「記憶」するまでもなく、すぐに「行動（ネットショップで注文）」するということもいまでは可能です。

　そこで、インターネット時代の消費者行動を読み解くために考え出されたのがAISAS（アイサス／エーサス）モデルです。

　消費者はインターネットの記事や広告などによって、商品・サービスの存在を知ります（Attention；注意）。数ある商品・サービスの中から、消費者はいくつかの商品・サービスに関心を持つのですが（Interest；関心）、次に消費者は、インターネットでその商品・サービスを「検索」するのです（Search；検索）。メーカーやマスコミが提供する情報だけでなく、ブログなどからの口コミ情報も集めたうえで、商品・サービスを購入すべきかどうかを考えます。

　購入を決定した場合も、実店舗に出かけるのではなく、ネットショップなどで注文します（Action；行動）。そして商品・サービスを手にすると、自分自身もその感想を口コミ情報としてブログなどに掲載し、不特定多数の消費者と情報を共有します（Share；共有）。

　AISASとは、Attention、Interest、Search、Action、Shareの頭文字を並べたものです（AISASは株式会社電通の登録商標です）。

　売り手（例えば、ネットショップの店主）は、AISASモデルをどのように活用すべきでしょうか。

　まず考えられるのは、商品・サービスの広告を従来の媒体（TV・雑誌など）ではなく、インターネットへ出稿することです。次に、自社の

図 2-11　AISAS モデル

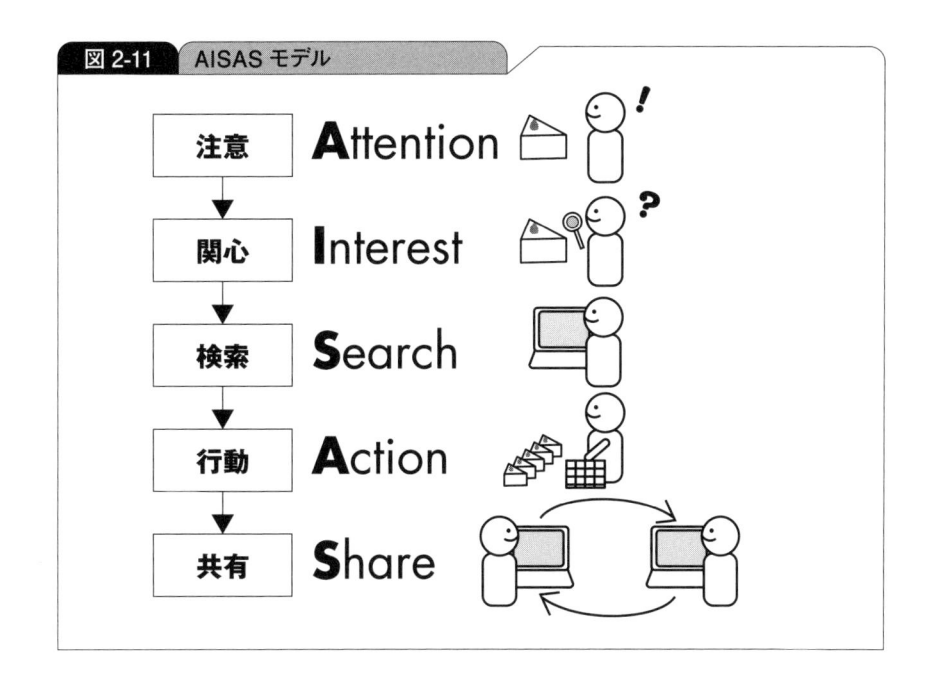

注意	**A**ttention
関心	**I**nterest
検索	**S**earch
行動	**A**ction
共有	**S**hare

商品・サービスに関心を持ってくれた消費者が「検索」をしたとき、検索結果の上位に自社商品・サービスが表示されるよう、検索エンジン対策（SEO）を実施しなければなりません。

最も難しいのが、口コミ情報をコントロールすることです。商品・サービスの悪い評判がインターネットに蔓延していると、それに気づいた消費者は購入を取り止めるに違いありません。

消費者は時に"衝動買い"をするなど、常に理性的に行動するわけではありません。理性的ではない多くの消費者に対して効果的なプロモーションを行うためにも、AIDMAモデルやAISASモデルを理解しておくことは大変重要です。

検索エンジン対策や口コミについては、PART 4～PART 6で詳しく見ていきます。

section 8　EC（電子商取引）の発展

インストア・マーチャンダイジング（ISM）の応用

　実店舗であれネットショップであれ、店長は日々、「売上を増やしたい」と考えています。売上が上がらないと、店を存続させることができないからです。
　しかし、ただ「売上を増やしたい」と考えるだけでは、売上は増えません。まずは「売上」がどのように生まれるのかを理解し、そこから効果的なアプローチを考えていきましょう。

(1) 売上とは

　「売上」は、「商品やサービスを販売して得られた代金の総額」を指します。「売上」から、商品原価などの「費用」を差し引いたものが「利益」です。企業や小売店にとっての目標は「利益」を増やすことですが、利益を増やすための最も効果的な方法は売上を増やすことです。
　どうすれば売上は増えるのでしょうか。売上高を「客数」と「客単価」に分解してみましょう。売上高は、以下の式で示すことができます。

　　売上高 = 客数 × 客単価

　この式からわかることは、売上を増やすには①店に来る顧客の数を増やす、②顧客一人当たり（来店1回当たり）の購買金額を増やす、という2つのアプローチがあることです。

図 2-12　売上とは

売上高 ＝ 客数 × 客単価

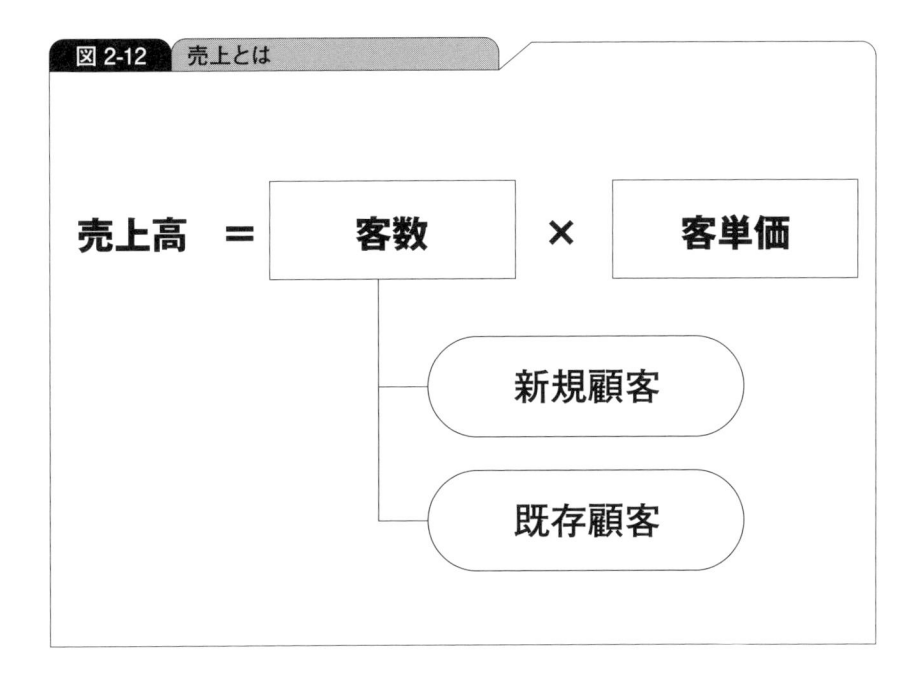

客数 ─ 新規顧客／既存顧客

(2) 客数増加策

　来店客を増やすにはどうすればよいでしょうか。実は、顧客は「新規顧客」と「既存顧客」の2つに大別できます。

　新規顧客とは、はじめて来店する顧客のことです。新規顧客を増やすには、まずは店の存在を知ってもらうためのアプローチが必要です。ネットショップの場合には、店に対する不安を取り除くことも大切です。

　既存顧客とは、過去に店を利用したことがある、商品を購入したことがある顧客です。顧客データ・販売データが店に蓄積されていれば、既存顧客へのアプローチは比較的容易です。

(3) 客単価増加策

　次に、来店した顧客一人当たりの購買金額を増やすにはどうすればよいか、という観点から、次の計算式を紹介します。

$$客単価 = 動線長 \times 立寄率 \times 視認率 \times 買上率 \times 買上個数 \times 商品単価$$

　これは「インストア・マーチャンダイジング」(ISM) の考え方によって客単価を分解したものです。実際に数値を当てはめて計算することが目的ではなく、客単価を向上させるためのアプローチを考えるツールとして使われています。

　つまり、①顧客に店内をなるべく長く歩いてもらう（動線長）、②なるべく多くの売場で足を止めてもらう（立寄率）、③なるべく多くの商品に気づいてもらう（視認率）、④なるべく多くの商品を実際に購入してもらう（買上率）、⑤なるべく多くの個数を購入してもらう（買上個数）、⑥なるべく高価な商品を購入してもらう（商品単価）、という6つのアプローチで売上の向上を考えることを表しているのです。

　「インストア」という言葉が表すように、ISMも当初は実店舗での販売促進を目的に考え出されました。ネットショップでも、ISMは応用できます。

　自社のWebサイトになるべく長時間滞在してもらう、なるべく多くの商品に関心を持ってもらう、商品に関心を持った顧客の"買う気"を促すようなメッセージを添える、同時に複数個購入すると割引価格を適用するといったアプローチが考えられます。

　単に「売上を増やしたい」ではなく、売上を増やすための方策を論理的に考えるためのツールとして、インストア・マーチャンダイジングは活用できます。

図 2-13 インストア・マーチャンダイジング

客単価
=

動線長 — 店内をどれだけ歩いてもらえるか

×

立寄率 — 歩く過程で、個々の売場に
どれだけ立ち寄ってもらえるか

×

視認率 — 立ち寄った先で、どれだけ多くの
商品を視認してもらえるか

×

買上率 — 視認した中で、どれだけ
買い上げてもらえるか

×

買上個数 — ひとつだけでなく、より多くの
商品を買ってもらえるか

×

商品単価 — 同じ買うなら、商品単価の
より高い商品を買ってもらえるか

参考:『インストア・マーチャンダイジング』日本経済新聞出版社

section 1　事業ドメインとインターネット
section 2　製品戦略（Product）
section 3　価格戦略（Price）
section 4　チャネル戦略（Place）
section 5　広告戦略（Promotion）
section 6　プル戦略とプッシュ戦略

PART 3

インターネット・マーケティングと4P

マーケティング・ミックスの4P
（製品戦略・価格戦略・
チャネル戦略・広告戦略）は、
インターネットで進化する

section 1 　インターネット・マーケティングと4P

事業ドメインとインターネット

　PART 3では、「インターネット・マーケティング」として総称されてきたマーケティング手法を、伝統的なマーケティングの4Pに沿って紹介します。しかし、マーケティングの4Pの個々について触れる前に、section 1で事業ドメインについて取り上げます。事業ドメインとは何かを理解して、適切な事業ドメインを設定することが、適切なマーケティングの4Pを構築する前提となるからです。

(1) 事業ドメインとは
　ドメインとは、「領地、領域、範囲」という意味です。ドメインを企業経営に当てはめたものが事業ドメインで、「企業が事業を展開する範囲や領域」のことです。
　事業ドメインを設定する意義は、次のとおりです。
①企業の意思決定者の注意が限定される。
②どのような経営資源の蓄積が必要かについての指針となる。
③企業全体をひとつの組織とする一体感を作る。
　事業ドメインの設定が狭すぎたり広すぎたりすると、次のような不都合が生じます。
①狭すぎる場合：顧客ニーズに適合することが難しくなる。
②広すぎる場合：意味のない競争に巻き込まれる危険がある。
　　　　　　　　経営資源が分散する。
　事業ドメインを適切に設定することは、企業が事業を展開していくうえで、非常に重要な意味をもちます。

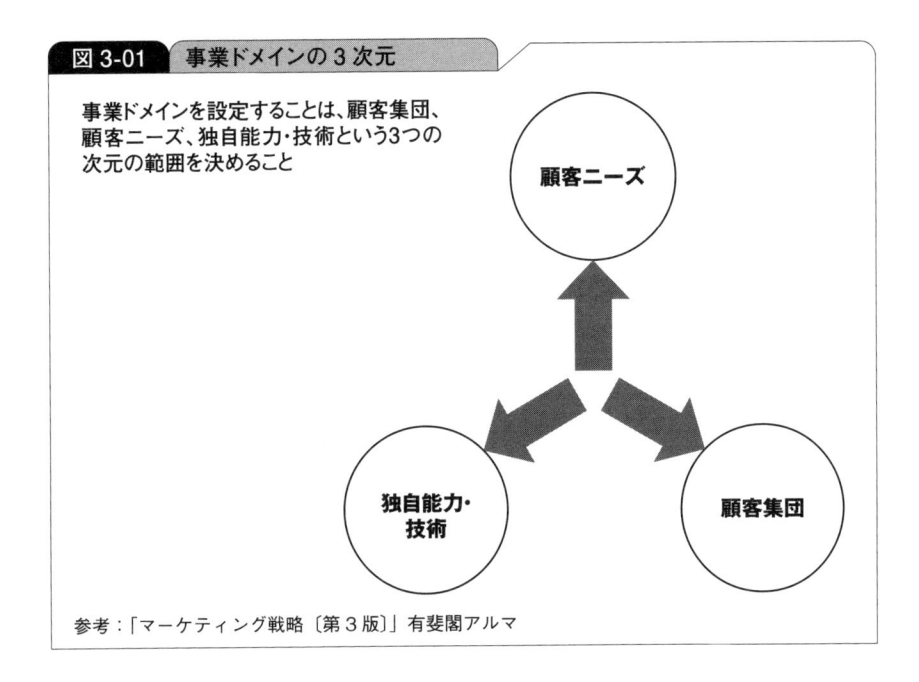

| 図 3-01 | 事業ドメインの3次元 |

事業ドメインを設定することは、顧客集団、顧客ニーズ、独自能力・技術という3つの次元の範囲を決めること

- 顧客ニーズ
- 独自能力・技術
- 顧客集団

参考：「マーケティング戦略〔第3版〕」有斐閣アルマ

(2) 事業ドメイン設定の枠組み

　エイベルとハモンドによれば、事業ドメインを設定するには、①どのような顧客集団の、②どのような顧客ニーズに対して、③どのような独自能力・技術で対応するかを決める必要があります。そして、上図のような3次元の枠組みを提示しています。

　事業ドメインを設定するためには、顧客集団、顧客ニーズ、独自能力・技術のそれぞれの次元の範囲を決める必要があります。次元の範囲を決めるとは、3次元の矢印の長さを決めることです。では、矢印の長さが長い・短いとはどういうことでしょうか。例えば、顧客集団への矢印を長くとるということは、より大きな顧客集団を対象にすることです。日本の一地域から日本全国へ、さらには世界中へと顧客集団の範囲を広げていくことです。

　各次元の範囲が決まれば、次に各次元の細分化を行います。世界中の

顧客集団を範囲とした場合、アジア、ヨーロッパ、アフリカなどの顧客集団に細分化します。

(3) 事業ドメインの設定とマーケティングの 4P

　マーケティング戦略とは、マーケティングの4Pをつくることだといえます。マーケティングの4Pとは、マッカーシーが唱えた、マーケティング・ミックスの4つの要素の頭文字をとったものです。つまり、①製品（Product）、②価格（Price）、③プロモーション（Promotion）、④チャネル（Place）、の4つです。マーケティング戦略の立案では、これら4つの要素の中身を決めることはもちろんですが、次の2つのフィットを考えることも重要な要素です。
①ターゲット顧客集団とのフィット
②マーケティング・ミックス要素間のフィット
　事業ドメインの設定とは、顧客集団、顧客ニーズ、独自能力・技術、の3次元の範囲を決めて細分化することでした。事業ドメインを設定することによって、ターゲットとなる顧客集団とそのニーズを特定することができます。マーケティング戦略を立案するうえで、マーケティングの4Pとターゲット顧客集団とのフィットは欠かせません。事業ドメインの設定は、適切なマーケティング戦略を立案する前提といえます。

(4) 事業ドメインと外部環境・内部環境

　事業ドメインは、企業を取り巻く外部環境・内部環境に制約を受けます。例えば、新規に飲食店を開業した場合、立地条件がターゲット顧客集団の範囲を決定づける大きな要因となります。駅前に立地する居酒屋は、立地が強みでもあり、新規顧客を呼び寄せる機会にもなります。駅前から少し外れた、人通りが少ない商店街の空き店舗に新規に開店した居酒屋は、味や店舗の雰囲気にいくら自信があっても、立地が弱みとな

り、新規顧客となる人たちの足をますます遠のかせる脅威となります。

(5) インターネットが事業ドメインの設定に与える影響

インターネットをマーケティングに活用した場合、新たな機会を提供することもあれば、逆に新たな脅威を呼び寄せることもあります。駅前から少し外れた人通りが少ない商店街の居酒屋は、グルメ総合サイトに登録して、上手にプロモーションを行うことで、いままで想定していなかったエリアから顧客を誘引することができます。逆に、駅前の居酒屋が好立地にあぐらをかいていれば、グルメ総合サイトに登録している他の店舗に客を奪われ、思わぬ苦境に陥ることもあるでしょう。

インターネットをマーケティングツールとして活用することで、今までとは違ったアプローチで事業ドメインを構築し、マーケティング戦略を展開することが可能になっています。

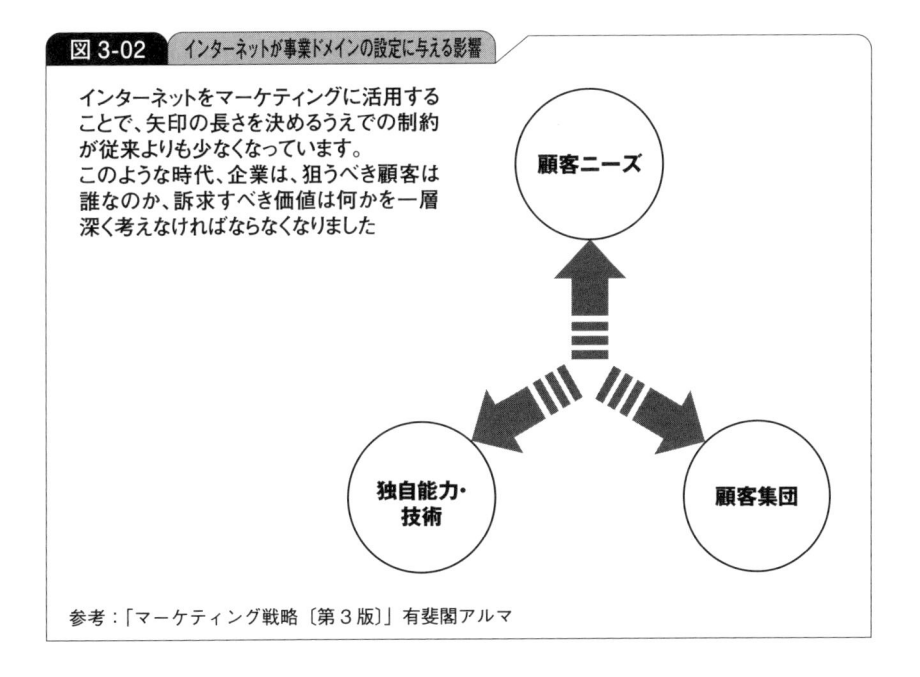

図 3-02　インターネットが事業ドメインの設定に与える影響

インターネットをマーケティングに活用することで、矢印の長さを決めるうえでの制約が従来よりも少なくなっています。
このような時代、企業は、狙うべき顧客は誰なのか、訴求すべき価値は何かを一層深く考えなければならなくなりました

- 顧客ニーズ
- 独自能力・技術
- 顧客集団

参考:「マーケティング戦略〔第3版〕」有斐閣アルマ

section 2　インターネット・マーケティングと4P

製品戦略（Product）

　section 1では、マーケティングの4Pを作るうえで前提となる事業ドメインとは何か、そしてインターネットが事業ドメインの設定に与える影響について見てきました。次に、マーケティングの4Pの要素ごとに、インターネット・マーケティングの具体的な内容を紹介します。

(1) 売れる製品の開発
　"売れる製品を開発する"――これがマーケティング戦略上の一番の課題といえます。4Pの他の要素がどんなに素晴らしくても、顧客にとって魅力のない製品では何にもなりません。顧客にとって魅力的な製品があってはじめて、他の4Pの要素が活きてきます。製品戦略は、マーケティングの4Pの要ともいえます。

　売れる製品を開発するためにはどうすればよいのでしょうか。その答は、「顧客の声を聴く」ことです。これは、マーケティングにインターネットを活用する時代においても変わりはありません。それどころか、インターネットによって、企業は従来よりも容易に「顧客の声を聴く」ことができるのです。製品を顧客にとって魅力的なものにするために、顧客に対して訴求すべき価値をより深く考えることが重要です。

(2) 訴求すべき価値
　ドメインの3次元で説明した「顧客ニーズ」が、訴求すべき価値の本質的な部分です。しかし、顧客ニーズは顕在化しているとは限りません。アンケートや街頭調査などで顧客の「声」を収集できたとしても、それ

が顧客の「本音」とは限りません。

　訴求すべき価値をより深く考えるためには、顧客の「本音」を聴く必要があります。本項では、顧客の「本音」に近づいて、顧客にとって魅力的な製品を開発・提供するためのインターネットの活用方法について説明します。

(3) マーケティング調査の新しいツール

　マーケティング調査のツールとしてインターネットを活用することを、インターネット調査といいます。これまで活用されてきた電話調査や郵送調査に代わって、多くの企業で活用されるようになりました。

　インターネット調査には、具体的にどのような方法があるのか、また電話調査や郵送調査と比較してどのような長所や注意点があるのかを見ていきます。

①インターネット調査方法
・Webサイト上のバナー広告などを見て、興味を持った人をアンケートページに誘引して回答してもらう方法
・電子メールで質問票を送り、回答を記入して返信してもらう方法
・調査対象者にアンケートサイトのURLを電子メールで連絡し、サイトにアクセスして回答してもらう方法

②インターネット調査の長所
・調査結果を早く安く得ることが可能
　多数の調査対象者に一斉かつ同時に調査を行える、調査員という人手を介さない、システム化されていて回答結果が電子データで得られる、などの特徴によって、調査結果を早く安く得ることができます。
・再質問が可能
　インターネットの双方向性という特徴を上手に活用することで、回答に対する再質問ができます。

・定性情報を豊富に得ることが可能

　顧客の「本音」を聴き出す点では、最大のメリットです。女性の下着や生理用品など、個人のプライバシーに関わるテーマは、従来の調査方法では「本音」を聴き出すことは難しいでしょう。

　しかし、インターネットの匿名性という特徴を上手に活用することで、微妙なテーマでも「本音」を聴き出し、魅力的な製品開発につなげることができます。

③インターネット調査の注意点

・回答者がインターネット利用者に限定されるので、代表性に問題がある
・なりすましや同一人物による複数回答を完全に排除できないので、回答精度に問題がある
・インターネット上の調査なので、秘匿性に限界がある

(4)顧客仕様の製品を提供する

　個々の顧客ニーズに合わせた製品やサービスを提供しようとするカスタマイゼーションの考え方は、ワン・トゥ・ワン・マーケティングの浸透とともに一般的になってきました。

　具体的には、ナイキのサイト（NIKEiD）で、標準品のシューズをベースに、オリジナルデザインのシューズを注文できるサービスがあります。Dell Computer社のサイトで、好みのスペックやパーツを選びながら、最終製品の構成を決め、注文するサービスがあります。これらのサービスは、インターネットの登場によって可能になりました。

(5)顧客の「声」を反映した製品開発の場

　カスタマイゼーションをさらに進めた試みも、インターネットを活用して行われています。顧客がインターネット上に自分の欲しいものに関

する情報を発信し、メーカーが要望に応えて製品を提供するという新しい関係が実現しています。

これは、企業にとってもメリットのある試みです。見込み客の意見を集めたり、購入希望者をあらかじめ確保することで、製品化に伴う投資リスクや在庫リスクを少なくできます。

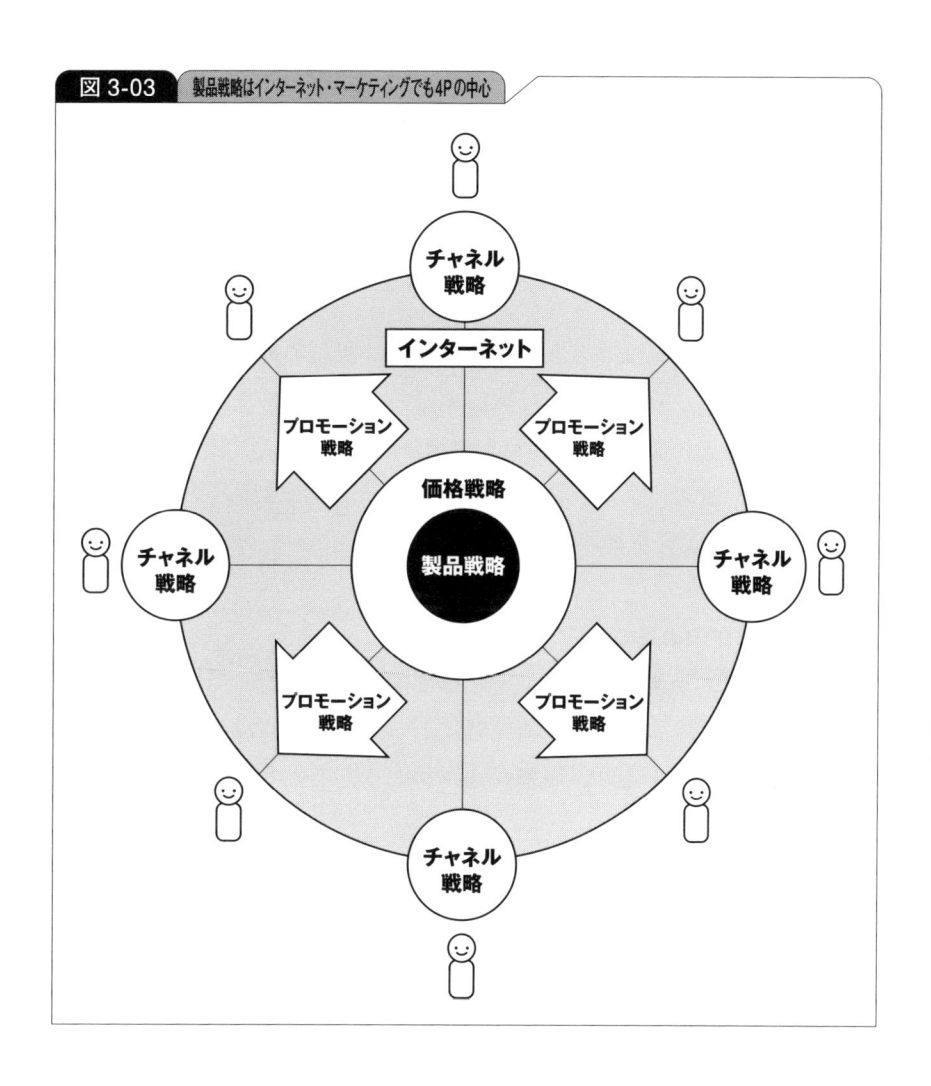

図 3-03　製品戦略はインターネット・マーケティングでも4Pの中心

section 3　インターネット・マーケティングと 4P

価格戦略（Price）

　前 section では、マーケティングの 4P のひとつである製品戦略について見てきました。次に、第二の要素として、インターネット・マーケティングにおける価格戦略を紹介していきます。

(1) 価格設定の基本方針
　製品価格は、消費者の需要が発生するとともに、企業に利益をもたらす範囲内で設定されなければなりません。
　つまり価格の下限はコストであり、上限は製品に対する消費者の知覚品質（個人によって異なる優先順位や好みなどで判断される総合的な品質）になります。加えて、競合製品の価格も考慮しなければなりません。
　以上から、企業による価格設定の基本方針は、コスト、需要、競争の3つの視点から設定されることになります。

(2) 価格は誰が決めるのか
　製品価格は、企業が設定し、それを消費者が事後的に受け入れるかどうかで決定されてきました。消費者にとっては、価格設定のしくみはブラック・ボックスであり、価格が適正かどうかを知る術はほとんどありませんでした。

(3) インターネットの普及で増す価格の透明性
　現代の日本のような成熟市場では、製品の品質そのものにそれほどの差はなくなっています。このような市場で、消費者が製品の違いを感じ

るための知覚品質に影響を与えるのは、①製品に関する情報、②ブランドの2つです。

①製品に関する情報

これは、産地、原材料、製造方法などに関する情報です。例えば産地については、「A県のBさんが無農薬栽培で育てました」などがあります。原材料、製造方法では、「厳選素材を職人が1枚1枚手焼きした煎餅です」などがあります。

これらの情報は、消費者の感じる知覚品質を上げ、製品の価値を高めることになります。

②ブランド

ブランドは他の企業と差別化する有力な手段です。強力なブランド・イメージを核とするブランド・エクイティ（ブランド資産）を確立している場合、ブランド・エクイティの構成要素である知覚品質も高いレベルにあります。

インターネットの普及は、上記①の「製品に関する情報」を消費者が入手することにおいて革新をもたらしました。インターネット上の検索サイトを利用して検索するだけで、消費者がいままで知り得なかった情報を簡単・即時に手に入れられるようになったからです。

また、製品の特徴、さまざまな店舗での販売価格、実際に製品を使用した消費者の感想などを、容易に比較できるようになりました。

今までブラック・ボックスだった製品価格の透明性が増すことにより、知覚品質やブランド・イメージで差別化できない製品には、価格引き下げ圧力が増します。

(4) 新たな価格設定アプローチ

価格引き下げ圧力が増す中、インターネット・マーケティングの世界では、価格は誰が決めるのかという問いに対して新たなアプローチが試

みられています。そのいくつかを見ていきましょう。

①**共同購入**

　製品を購入する仲間を多数募ることで交渉力を高め、供給側企業に対してさまざまな要望を通すことで、より自分たちのニーズにあった製品を安く手に入れるという方法です。「生活協同組合（生協）」など古くからあった方法が、インターネットの普及で再び脚光を浴びています。

　インターネットならではの双方向性・即時性などの特長を活かし、短期間で効率的に多くの仲間を募り、共同購入グループを組織化することが可能になったからです。

②**オークション**

　これも古くからある方法ですが、参加者が同じ時間に同じ場所に集まらなければならないという難点がありました。しかし、時間・空間を気にせず、24時間コミュニケーション可能というインターネットの特徴により、その難点が解消しました。その結果、オークションへの参加者および落札総額が増加し、売り手にとってオークションの価値が上がりました。

③**逆オークション**

　買い手が購入したい製品の購入希望価格や条件を提示し、最も安い価格で提供できる売り手企業と取引をする方法です。買い手が購入希望価格を入札する通常のオークションと、正反対の方法です。BtoBを中心に一般的になっています。

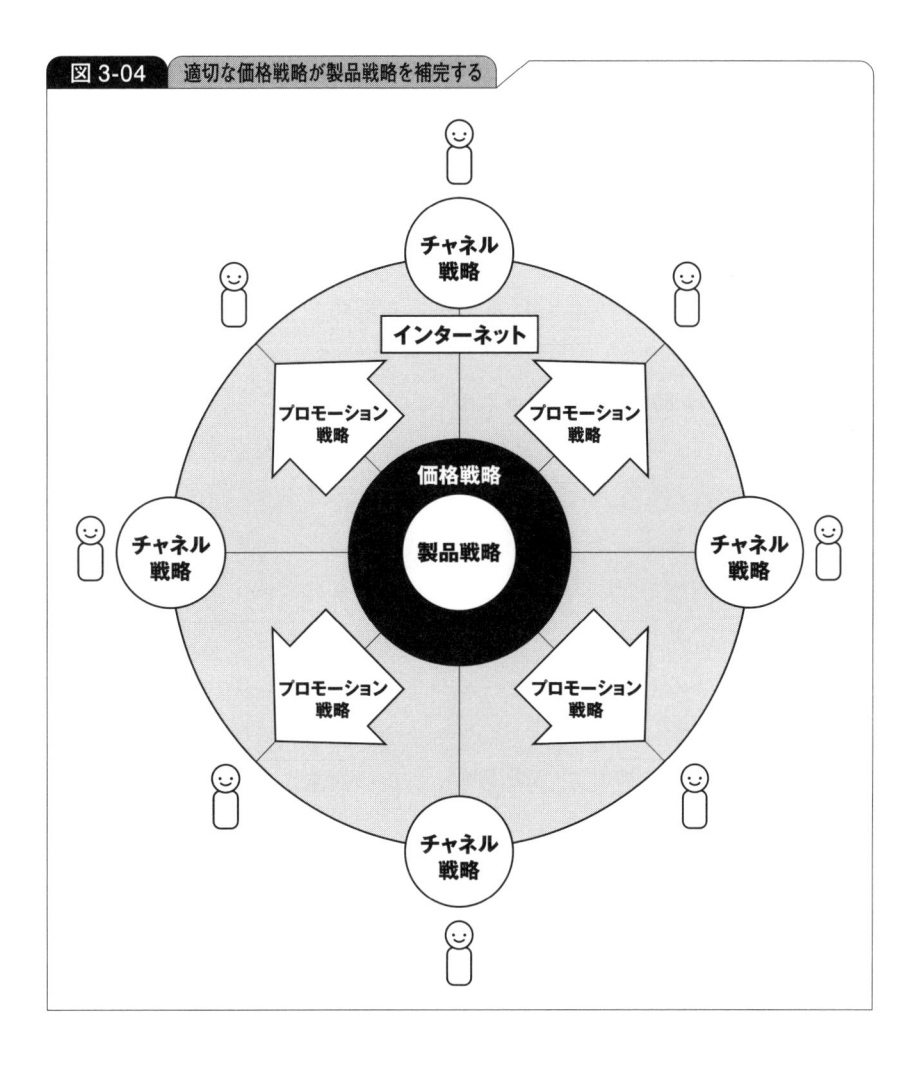

図 3-04　適切な価格戦略が製品戦略を補完する

section 4　インターネット・マーケティングと4P

チャネル戦略（Place）

　section 4では、マーケティングの4Pの第三の要素として、インターネット・マーケティングにおけるチャネル戦略を紹介していきます。

(1) インターネット時代の流通チャネル
　インターネット・マーケティングの世界では、会社や店舗がどこにあるかは重要ではなくなっています。消費者が、インターネット上で製品やサービスを購入するとき、それを提供している会社や店舗がどこにあるかは大した問題ではありません。箱詰めできるものであれば郵送や宅配便で送られてきます。ソフトウェア、音楽、チケットなど電子データでやり取りできるものなら、自宅のパソコンや携帯電話にダウンロードして入手できます。
　インターネットの普及で、流通チャネルの機能がどう変わってきているのかを見ていきましょう。

(2) Dell Computer 社の流通チャネルの革新
　インターネットを使って流通チャネルに革新をもたらした代表例は、section 2の製品戦略でも紹介したDell Computer社です。
　Dell Computer社は、BTO（ビルド・トゥ・オーダー）方式によって顧客ニーズにきめ細かく対応すると同時に、間接マージンを排除した直接販売による低価格を実現するための新しい流通チャネルを組み立てました。これには、インターネットの機能は欠かせないものでした。
　BTO方式とは、section 2の製品戦略でも紹介したように、顧客が好

みのスペックやパーツを選びながら、最終製品の構成を決めて注文する方式です。これを顧客がWebサイトから行えるようにすることで、素早く・正確に個々の顧客の注文を処理することができるようになりました。

それ以外にも、①顧客にアプローチする、②注文品が生産から流通までのどの工程にあるのかをリアルタイムで顧客に知らせる、③顧客から料金を回収するなど、これらパソコンの直販に必要な業務プロセスをすべてインターネット上で実現することで、間接マージンを排除、低価格を実現したのです。

Dell Computer社が顧客の視点で始めたパソコンの直販モデルは、多くの消費者の支持を集めることになりました。流通チャネルに革新をもたらしたBTO方式は、携帯音楽プレイヤーや自転車など、さまざまな製品市場へと広がりを見せています。

(3) 消費者へのアクセス機能の多様化

企業が消費者にアクセスするためには、これまでは店舗に来店するのを待つか、営業担当者・郵便・電話によるアプローチしか方策はありませんでした。しかし、インターネットの登場によって、企業は新たなアクセスのためのチャネルを手に入れました。インターネット上では、時間・空間の壁は存在しません。情報を検索する消費者のパソコンや携帯電話の検索結果画面に自社のサイトが表示されるだけで、いままでよりも容易に、消費者と接触できるようになったのです。

(4) 販売チャネルの多様化

例えば、生命保険会社の販売チャネルは、セールスレディと呼ばれる営業担当者が主力でした。その後、代理店・ブローカー、通信販売、インターネット、銀行窓口と次々に新たな販売チャネルを開拓してきまし

た。インターネットを主な販売チャネルとする生命保険会社も誕生しています。

(5) インターネット上の立地

　米国のIBMとコンパック研究所、ポータルサイトのアルタビスタが2000年に「蝶ネクタイ理論」として発表した研究調査を紹介します。

　彼らは、6億ページに及ぶWebページを分析した結果、WWWは根本的に4つの領域に分かれており、それぞれの領域には同程度のページ数が含まれ、約90%が蝶ネクタイの形に似た4つの領域に位置して、残りの約10%は蝶ネクタイから孤立したところにあることを発見しました。この蝶ネクタイの構造は、Webを強く結びつける中心的な結び目部分の「strongly-connected core」、ネクタイ部分に当たる「origination（起点）」と「termination（終端）」、ネクタイ部分のみに接続する「disconnected（非接続）」から構成されています。4つの領域は次のような関係にあります。

①起点サイトは、結び目サイトにアクセスできるが、結び目サイトから起点サイトにはアクセスできない。

②終端サイトは、結び目サイトにアクセスできないが、結び目サイトからは終端サイトにアクセスできる。

③非接続サイトは、起点サイトからのアクセスや終端サイトへのアクセスはできるが、結び目サイトにアクセスできない。

　この結果は、Webサイトは互いにうまく連結しているものではなく、消費者がアクセスしやすいサイトとそうでないサイトが存在することを示しています。

　インターネット上に多数の店舗を出店させることができる実力のある企業は、消費者からのアクセスしやすいサイトを目指して、多店舗展開を図ることが有効なチャネル戦略となります。

図 3-05　新たなチャネル戦略が革新をもたらす

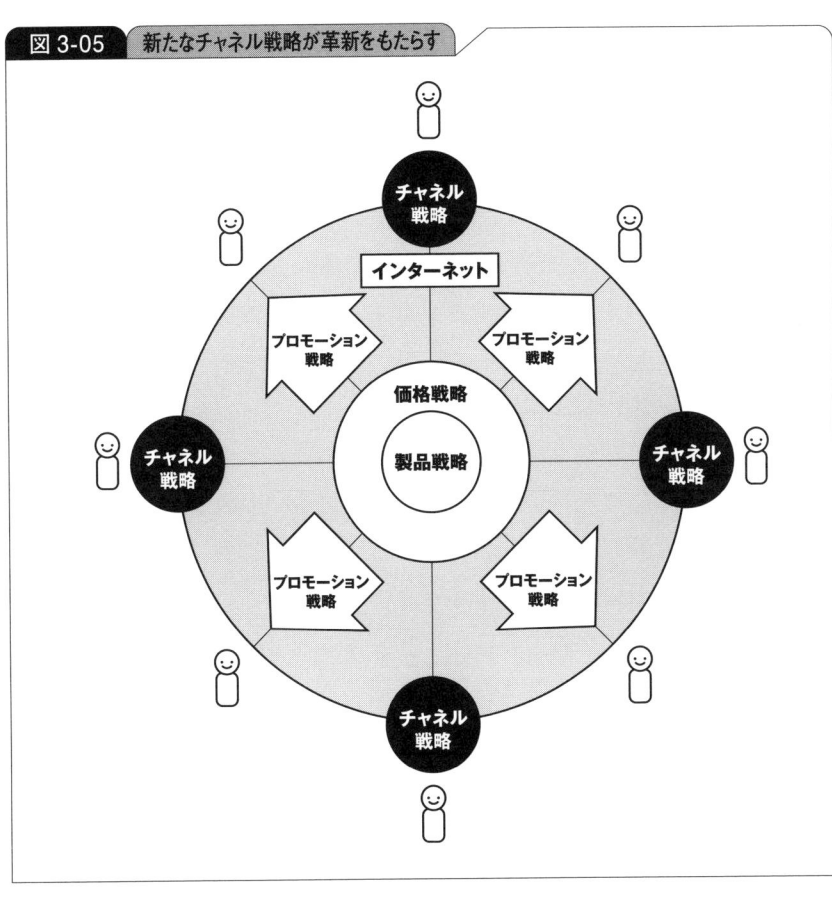

- チャネル戦略
- インターネット
- プロモーション戦略
- 価格戦略
- 製品戦略

図 3-06　蝶ネクタイ理論

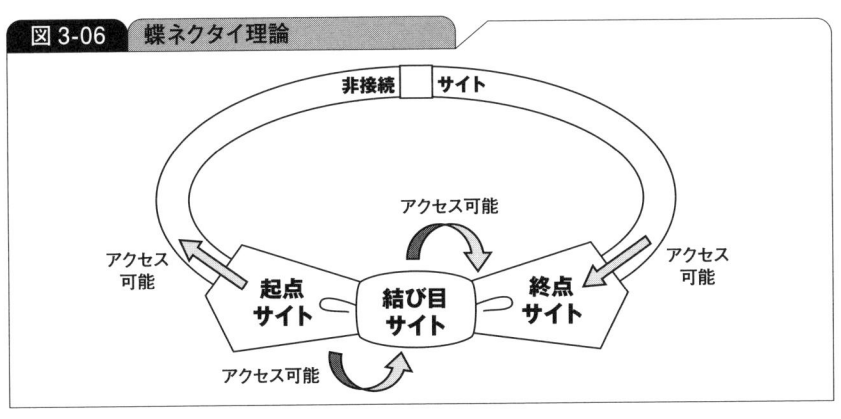

- 非接続／サイト
- 起点サイト
- 結び目サイト
- 終点サイト
- アクセス可能

PART 3　インターネット・マーケティングと4P

section 5　インターネット・マーケティングと4P

広告戦略（Promotion）

　section 5では、マーケティングの4Pの第四の要素として、インターネット・マーケティングに関するプロモーション戦略を紹介します。

(1) マーケティング・コミュニケーション

　プロモーション戦略は、消費者に対するコミュニケーション活動であり、マーケティング・コミュニケーションともいわれます。企業が素晴らしい製品を開発して提供したとしても、消費者に製品の存在を知ってもらわなければ販売に結びつきません。ところが、コミュニケーションを正確かつ効率的に実施することは容易なことではありません。

　そのため、企業はさまざまな手段を用いてコミュニケーションを実践することになります。一般的に、広告、セールス・プロモーション、人的販売、パブリシティなどの手段があり、これらの手法の組み合わせをプロモーションミックスといいます。

　インターネットは、低コストで広く消費者に情報提供が可能です。インターネットの登場で、企業は消費者との新たなコミュニケーション手段を持つことになりました。次に、インターネットを活用したさまざまなプロモーションへの取り組みの中で、いまや不可欠なインターネット広告について見ていきます。

(2) サイト上の広告

　インターネット広告で最も一般的なものが、Webサイト上のスペースを用いた広告です。テレビやラジオを媒体とした従来の広告はプッ

シュ型ですが、サイト上の広告は消費者からのアクセスが求められるプル型の広告である点が特徴です。

サイト上の広告には、さまざまな種類がありますが、その中でも代表的なものを次に紹介します。

①バナー広告

Webサイトに広告の画像を貼り、画像をクリックすることで広告主のWebサイトに移動する手法です。インターネット広告を代表する手法ですが、新規性も薄れ、クリック率も低下しているのが現状です。そのため、さまざまな趣向を凝らして差別化する必要があります。

バナー広告の料金体系には、ページビュー保証型、クリック保証型、成果保証型など、さまざまな課金方法があります。

・ページビュー保証型：画像の表示回数に対して課金する方法
・クリック保証型：実際に、ユーザがクリックした回数に応じて課金する方法
・成果保証型：広告主のWebサイトで、実際に成約にいたった件数に対して課金する方法

②ポップアップ広告

Webページにアクセスしたときなどに、アクセスしたWebページとは別に、自動的に小さな広告ウィンドウを立ち上げ、広告を表示させる手法です。

ポップアップ広告は、Webの閲覧者からは不評で、ポップアップ広告を遮断するツールや、機能を組み込んだブラウザも普及したため、広告手法としては下火となっています。

③リスティング広告（検索キーワード連動広告）

検索エンジンに検索用語を入力すると、検索用語に関連した企業の広告や企業サイトへのリンクを表示させる手法です。検索キーワード連動広告市場は成長を続けており、広告における革命的な変化を起こしてい

ます。詳細は、PART 5のsection 4「リスティング広告」で紹介します。

(3) メール上の広告

電子メールを使った広告です。製品やサービス情報をメールマガジンに挿入して送信するメールマガジン広告、受信を許諾した登録済みユーザに送信するオプトイン・メールなどがあります。メールマガジンについては、PART 4のsection 8で紹介します。

(4) クリックスルー率

インターネット広告から消費者がリンクをたどっていき、企業が消費者の訪問を期待するWebサイトにたどりつく比率のことを、クリックスルー率といいます。

消費者にとって新規性のなくなってきたバナー広告のクリックスルー率は低下しており、1%以下に落ち込んでいるといわれています。

ポップアップ広告はバナー広告よりもクリックスルー率は高いというデータもありましたが、ユーザからは不評で、コミュニケーション手法として適切とは言い切れません。

電子メールを使った広告も、クリックスルー率だけでなく開封率も減少傾向にあり、コスト面では効率的なのですが、広告手法としては下火といえます。

今後、成長の続くリスティング広告に加え、普及段階に入ったRSS広告（PART 4のsection 9で紹介）が、インターネット広告の新たな潮流として期待されています。

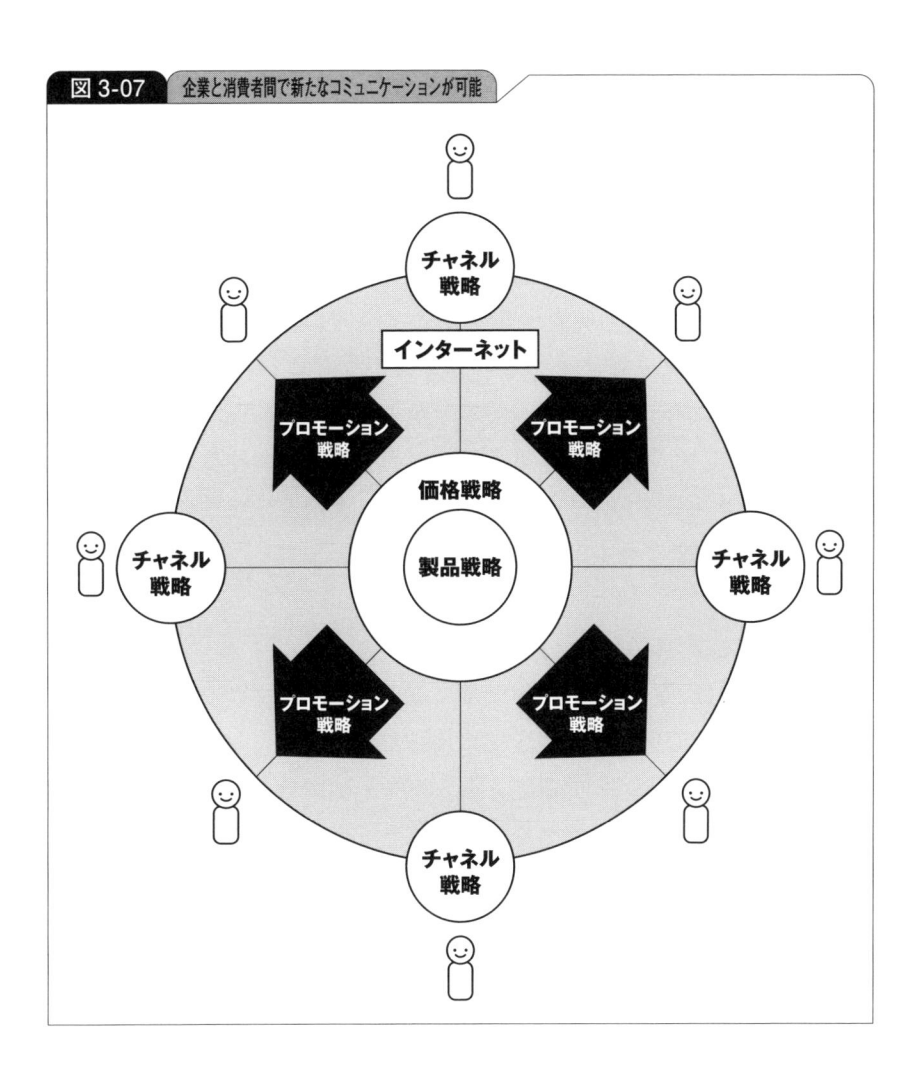

図 3-07　企業と消費者間で新たなコミュニケーションが可能

section 6　インターネット・マーケティングと4P
プル戦略とプッシュ戦略

　section 5までで、プロモーションミックスについて紹介しました。これらプロモーションミックスの各手法のうちどれに重点をおくかによって、プル戦略とプッシュ戦略に分類されます。PART 4で詳細な内容を紹介する、インターネット・マーケティングにおけるコミュニケーション対応の各手法も、プル戦略とプッシュ戦略に分類されます。ここでは、プル戦略とプッシュ戦略について紹介します。

(1) プル戦略とプッシュ戦略
　プル戦略とは、広告、パブリシティに重点をおいてプロモーションミックスを選択し、消費者の需要を促す戦略です。

　プッシュ戦略とは、人的販売、セールス・プロモーションに重点をおいてプロモーションミックスを選択し、チャネルを通じて製品を売り込んでいく戦略です。

　次に、採用する戦略によって、プロモーションミックスの各要素に、どのような影響を与えるのかを見てみましょう。

(2) プロモーションミックスへの影響
　プル戦略は、まず消費者の需要を喚起させ、喚起させた需要を自社製品へと吸引していき、最終的に自社製品の注文につなげていきます。したがって、広告が最も重視されます。

　プッシュ戦略は、メーカーなどが自社製品を積極的に売り込むところから始まります。従来の流通チャネルのもとでは、自社製品を扱っても

らうように流通業者を説得しなければなりません。したがって、人的販売が最も重視されます。

　実際の企業では、どちらかの戦略だけを採用することはありません。化粧品の販売を例に考えてみましょう。テレビCMなどによって、需要を喚起された消費者が店舗に来店したときには、化粧品販売員による人的販売によって消費者をその気にさせ、販売へとつなげていきます。

　このように、多くの企業は2つの戦略を同時に採用しつつ、どちらかの戦略によりウエイトを置くことになります。

　一般的には、消費財を扱う企業は広告、パブリシティを重視する傾向にあり、生産財を扱う企業は人的販売、セールス・プロモーションを重視する傾向にあります。

(3) インターネット・マーケティングにおけるプル戦略とプッシュ戦略

　インターネット・マーケティングの各手法も、プル戦略とプッシュ戦略に分類されます。プル戦略かプッシュ戦略か、企業が重きを置く戦略によって、プロモーションミックスの各要素の重要性が変わるように、インターネット・マーケティングの各手法も、採用する戦略によって重みづけを変えていく必要があります。

　次に、インターネット・マーケティングにおけるプル戦略とプッシュ戦略の具体的な内容について見ていきます。

(4) プル戦略の手法

　プル戦略に分類される手法は、受け手の意思で選択的に情報を取りに来てもらう手法です。CGM、ブログ、SNSなど、Webサイトを活用した手法が該当します。

　時間的な制約を受けずに消費者にアプローチする場合に適した手法で、Yahoo!やGoogleなどの検索エンジンでの検索結果からアクセスさ

れることが消費者へのアプローチの入り口になります。

　したがって、これら検索エンジンでの表示結果で上位に表示されることが、自社サイトへのアクセス数をアップさせることになるため、検索結果で上位に表示させる手法であるSEO（検索エンジン最適化。詳しくはPART 5のsection 5で紹介）が重視されます。

(5) プッシュ戦略の手法

　プッシュ戦略に分類される手法は、受け手の意思に関係なく情報を強制的に送ることができる手法です。メールマガジンなど電子メールを活用した手法や、今後の普及が期待されるRSS広告などRSSフィードを活用した手法などが該当します。

　時間的な制約を受けた状況で消費者にアプローチする場合には、プッシュ戦略に分類される手法を採用する方がよいでしょう。例えば、期間限定セールの案内やセミナーの案内などが該当します。

　プッシュ戦略に分類される手法は、店舗における人的販売で相手の意思に関係なく消費者にアプローチすることが嫌われるように、その運用には注意を要します。

　例えば、メールマガジンを配信する場合は、配信前に、消費者から受信の許可をとるオプトイン・メールにすることが鉄則です。配信前に、消費者が配信拒否の意思表示をしない限り配信されるオプトアウト・メールは迷惑メールと同列に扱われ、それを配信する企業に対して消費者は悪印象を抱くことなります。

図 3-08　プル戦略とプッシュ戦略の違い

プル戦略　広告、パブリシティに重点を置いてプロモーションミックスを選択し、消費者の需要を促す戦略

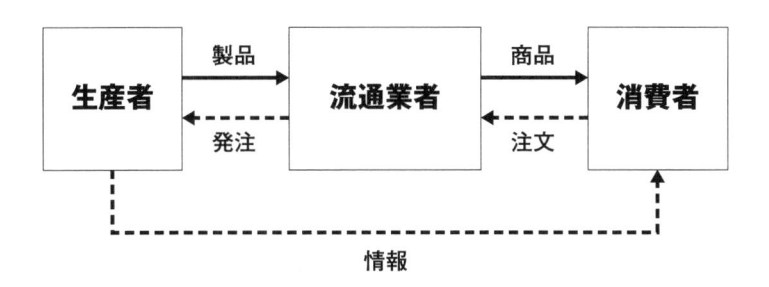

```
生産者 ──製品→ 流通業者 ──商品→ 消費者
      ←発注 ──       ←注文 ──
   ←──────── 情報 ────────
```

プッシュ戦略　人的販売、セールス・プロモーションに重点を置いてプロモーションミックスを選択し、チャネルを通じて製品を売り込んでいく戦略

```
生産者 ──製品→ 流通業者 ──商品→ 消費者
      ──情報→        ──情報→
```

参考：「マーケティング原理〔第9版〕」ダイヤモンド社

section 1 　口コミは起こせるか
section 2 　CGM
section 3 　ブログとコミュニケーション
section 4 　SNS
section 5 　アフィリエイトの効果
section 6 　ドロップシッピングの普及と課題
section 7 　動画共有サイトの活用と課題
section 8 　メールマガジンとマーケティング
section 9 　RSSとマーケティング
section 10 　ショッピング・エージェント
section 11 　メタバースの活用と期待
section 12 　SMOの浸透とマーケティング
section 13 　ビジネスブログと中小企業

PART 4

プロモーションから
コミュニケーションへ

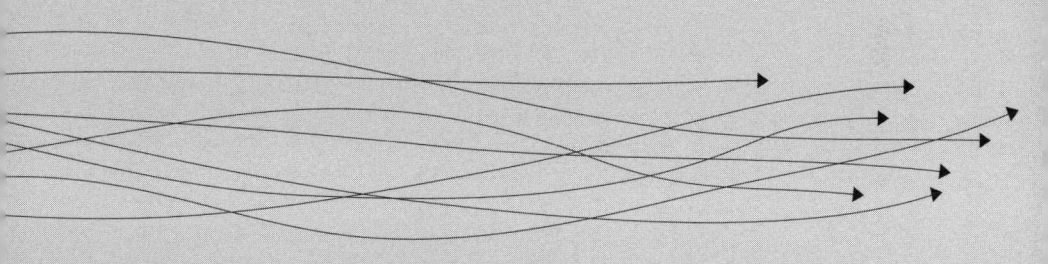

ブログ、SNS、RSS、
メタバース──
コミュニケーションを加速させる
新しいサービスの数々

| section 1 | プロモーションからコミュニケーションへ |

口コミは起こせるか

　PART 4は、「プロモーションからコミュニケーションへ」というテーマで、インターネット・マーケティングにおけるコミュニケーション対応のためのさまざまな手法について見ていくことにします。

　PART 3のsection 5で見てきたように、従来のマーケティングの4Pの考え方でも、企業から顧客へのコミュニケーションは重要視されていました。

　しかし、広告、セールス・プロモーション、人的販売、パブリシティなどのプロモーションミックスの各手法は、企業から顧客への一方的な情報伝達という側面が大きく、本当の意味でのコミュニケーション対応ではありませんでした。

　これに対してインターネット・マーケティングの各手法は、インターネットの特徴である双方向性を活かすことで、本当の意味でのコミュニケーションを可能にします。

(1) インターネット時代の消費者行動の変化

　PART 2のsection 7で、AIDMAとAISASについて見てきました。AISAS理論では、購買に際して吟味したり検討するための「記憶」の機会が少なく、代わって「検索」と「情報共有」が購入決定の要因として重要視されています。インターネット時代の消費者の購買行動の特徴的なプロセスが反映されています。

(2) インターネット時代の口コミの意義

消費者が「情報共有」のために行う具体的な行動としては、購買後の商品・サービスの評価を、自分のブログやコミュニティサイトに掲載することなどがあげられます。

これらの行動は、口コミ情報を発信しているといえます。購入前の他の消費者が「検索」によって口コミ情報を共有して、購買のための意思決定に役立てています。次sectionのCGMで詳しく紹介しますが、インターネット・マーケティング時代の口コミ情報は、従来に比べて効果と信頼性が高まっています。

口コミ情報を、企業のコミュニケーション対応として操作することができれば、企業に大きな利益をもたらします。

(3) 口コミは起こせるか

口コミが有効なコミュニケーション手段であることは、インターネット・マーケティングの考え方が登場する以前から知られていました。

自然発生的で、発生源や全国的なブームへと広がる過程を把握することが不可能だった口コミ情報は、コミュニケーション施策としては操作しにくく、有効性はわかっていてもなかなか本気で取り組めないものでした。

インターネット上の口コミ情報は、電子データとして一定期間残っているため、ローカルな井戸端会議が全国的なブームへと広がる過程や、誰の発言力が大きいのかを把握することができます。

つまり、口コミ情報発生のメカニズムを解明して、口コミをコミュニケーション施策として操作できる可能性が出てきました。

(4) 口コミ発生のメカニズム

口コミは、消費者のうちの「情報通」の誰かがある商品・サービスを「良

い」と評価し、それを家族や友人に情報を伝達していくことによって生じます。

ポイントは、①「情報通」に発見されること、②その人に「良い」と評価してもらうこと、③家族や友人に情報伝達が起きること、です。このポイントを押さえれば、口コミ情報を企業のコミュニケーション対応として操作できます。

一般的な手順としては、まず「情報通」の人々を発見します。これまで「情報通」の人々を発見することは困難でしたが、インターネット上では容易になりました。有名なブロガー（ブログを運営している人）などが「情報通」の代表格です。

次に、発見した「情報通」の人々に自社商品・サービスの良さを伝えます。そのうえで、「情報通」の人々から家族や友人だけでなく、インターネットを通じて自社商品・サービスを紹介してもらいます。

「情報通」の人々からの紹介ですから、紹介された人は、商品・サービスの良さを強く認識します。「情報通」の人々の生のメッセージで伝達することが、情報の信頼性を高めます。

(5) 口コミを操作するうえでの留意点

AISAS理論の提唱者である秋山隆平氏の所属する株式会社電通では、口コミのメカニズムの解明に取り組んでおり、2006年12月からインターネット上の口コミ情報をリアルタイムで分析する「電通バズリサーチVer.2.0」を稼働させています。

「電通バズリサーチ」による分析結果からは、「スポンサー付きブログ」などのインセンティブ型のプロモーションではうまくいかないことがわかってきました。

それよりも、消費者が自発的に書きたくなる環境をどう作っていくかの方が重要です。

影響力の強い「情報通」に情報を伝えれば、後は自然に情報が伝わっていくという考え方だけでなく、「口コミを伝える人と受け取る人の間には最適な情報格差がある」という法則も見えてきました。

　つまり、野球好きで、日本のプロ野球以外にも大リーグの情報に通じている人は、野球をまったく知らない人に大リーグのことを説明するのは面倒くさくて嫌だと感じるはずです。しかし、日本のプロ野球のことには詳しいが、大リーグのことをあまり知らない人には話をしたくなるということです。

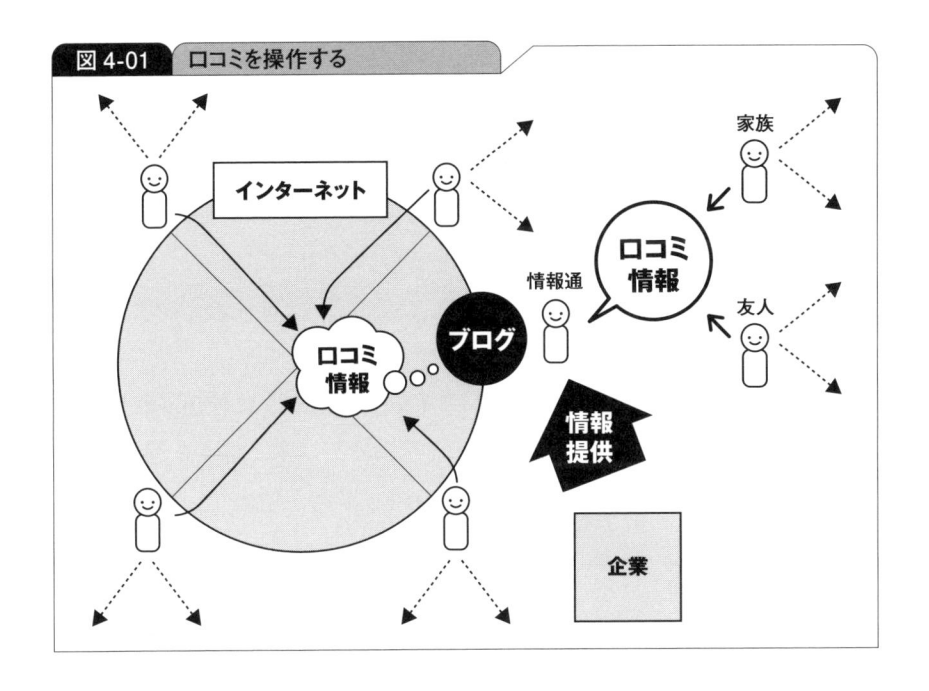

図 4-01　口コミを操作する

section 2　プロモーションからコミュニケーションへ
CGM

　section 1では、インターネット上で口コミは起こせるかどうかについて見てきました。section 2では、インターネットの普及によって口コミの威力が増す中、注目を集めるようになったCGM（Consumer Generated Media）について見ていきます。

(1) CGMとは
　CGMとは、インターネットなどを活用して、消費者が内容を生成していくメディアのことです。消費者の書き込みによって内容が生成され、インターネットなどに関する特別な知識を持たない一般消費者でも、容易に情報発信・共有が可能です。CGMは、インターネットなどを活用した情報発信・共有環境を大きく変化させたことで、Web2.0的なメディアのひとつといわれます。
　「Web2.0」とは、ソフトウェアのバージョン番号を模した呼び名です。従来のインターネット・メディア（企業のWebサイトなど）をWeb1.0的なメディアと位置づけるのに対して、CGMは、次世代のインターネット・メディアであると考えられています。
　企業においても、イントラネット（インターネットに使用されている技術を活用して構築された社内ネットワーク）上にCGMを導入して、社内の情報発信・共有環境の革新に取り組む事例が増えています。

(2) CGMの具体例
　CGMには、消費者が商品・サービスに関する評価を書き込んだもの

から、単に日常の出来事を綴った日記風のものまで、さまざまなものがあります。具体的には、①口コミサイト、②ブログ、③SNS（Social Networking Service）、④Q&Aコミュニティ、⑤COI（Community Of Interest；共通の趣味や関心を持つ人々が集まり、情報を共有するWebサイト）などです。

①口コミサイト：「@cosme（化粧品）」「食べログ（グルメサイト）」など
②ブログ：「FC2ブログ」「アメーバブログ」をはじめとする、ブログサービスを活用して公開されている個人・企業のブログなど
③SNS：「mixi」「GREE」など
④Q&Aコミュニティ：「OKweb」「Yahoo!知恵袋」など
⑤COI：「関心空間」「みんなの就職活動日記」など

(3) インターネットは口コミ効果の限界を無効にする

　インターネットが登場する以前の口コミ効果は限定的なものでした。口コミが伝達されるためには、人と人とが直接接触しなければならないという、時間的・空間的な制約がありました。

　それが、インターネットの登場によって一変しました。今まで目に見えなかった口コミ情報を電子データに変換・保存するだけで、24時間いつでも・どこからでも伝達できるようになったのです。

　時間的・空間的な制約がないというインターネットの特長が、口コミ効果の制約をなくしたのです。

　口コミ情報がインターネット上でやり取りされることによって、口コミ情報の伝達のスピードは加速度的に増すとともに、影響範囲も拡大しました。

(4) CGMによってさらに高まる口コミ効果

　CGMでは、メールによる口コミ情報の伝達と異なり、あらゆる人が口コミ情報にアクセスすることが可能です。メールでも、一人が複数の人々に口コミ情報を伝達することは可能ですが、CGMには遠く及びません。

　CGMでは、「積極的に情報を発信する参加者」の背後に、その何倍もの数の「ROM」（Read Only Member）、すなわち参加者の発言を閲覧するだけの人々がいます。「ROM」を通じて口コミが広がり、口コミ情報の影響範囲も拡大します。

(5) 信頼性の高まるCGMの口コミ情報

　従来のインターネットメディア（企業のWebサイトなど）は、マスメディアの延長でした。雑誌や書籍などと同様、プロの書き手・編集者などが構成を考え、内容を生成する形式が多かったのです。情報発信者にとって都合の悪い情報は発信されないなど、その内容は偏りがちでした。

　CGMでは、消費者が「自発的に」内容を書き込みます。悪意を持った書き込みも見られますが、「中立的な立場での評価の声」「実体験に基づいた生の声」が膨大に蓄積・提供されるようになりました。

　その結果、マスメディアの延長でしかなかったときには考えられないような「本音の意見」や、「あっ！　と驚くような実話」も蓄積・提供されています。

　消費者にとっては信頼のおける重要な情報収集の場となり、企業にとっては、自社の商品・サービスの評価を決定する場となっています。

(6) CGMが消費者・企業に与える影響

　CGMが一般化した現在では、企業から伝えられる情報よりも、見知

らぬ人々の口コミ情報の方が信頼性が高いとして重要視され、多くの消費者の購買行動に影響を与えています（詳細は、PART 4のsection 5「アフィリエイトの効果」で説明します）。一方、企業側に対しては、商品・サービスの開発計画や価格設定などに大きな影響を与えるまでになっています。

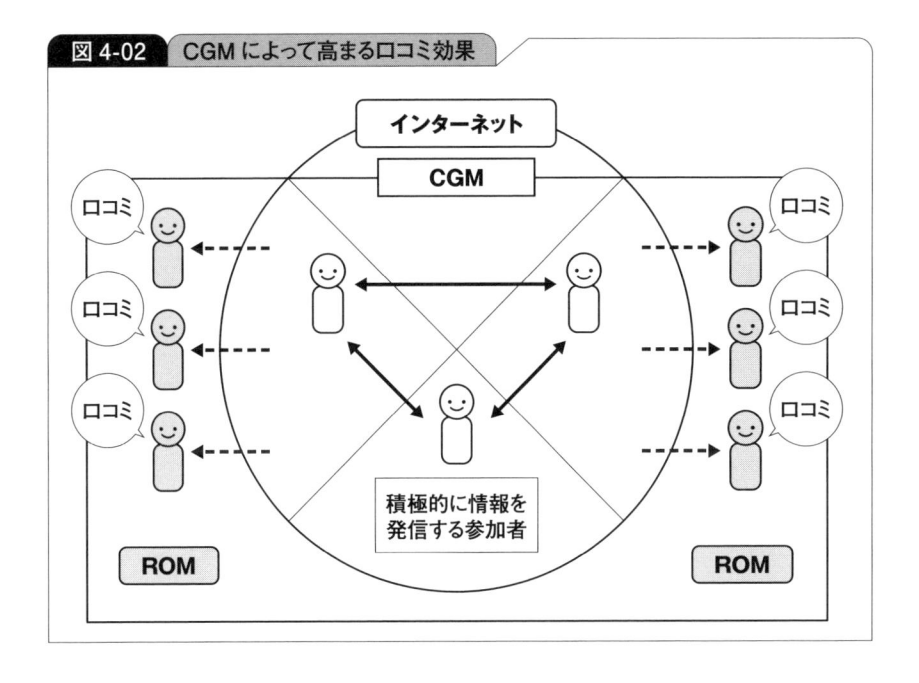

図4-02　CGMによって高まる口コミ効果

- インターネット
- CGM
- 口コミ
- 積極的に情報を発信する参加者
- ROM

section 3　プロモーションからコミュニケーションへ

ブログとコミュニケーション

　section 3では、CGMの具体例のひとつであるブログについて見ていきましょう。ブログの開設は、従来のWebサイトに比べて、とても簡単です。誰もが簡単にインターネット上で情報発信できるツールとして、ブログユーザは爆発的な増加を続けています。

(1) ブログとは
　ブログとは、個人や数人のグループで運営され、日々更新される日記的なWebサイトの総称です。「Web」と「Log」（日誌の意）を1語にした「weblog」（ウェブログ）という言葉が誕生し、略して「Blog」（ブログ）と呼ぶようになりました。
　内容的には、個人の日記サイトから、時事ニュースや専門的トピックスに関して専門的な分析や意見を表明するもの、他のサイトの著者と議論したりする形式のものまでさまざまです。
　「インターネット白書2008」によれば、企業活動におけるブログの利用はより一般的なものになっているとの調査結果があり、ビジネスにおけるブログ活用も普及しつつあります。ビジネスブログについては、section 13で詳細を見ていきます。

(2) ブログの認知度と普及度の変遷
　「goo リサーチ」が2004年4月より定期的にレポートしていた「Blog 定期リサーチ」は、2007年3月発表の第30回をもって終了しました。最終回の一つ前のレポート「Blog 定期リサーチ」第29回（2007年1月

発表）では、初回調査から約3年間のBlog普及を振り返っています。

①Blog認知度の推移

Blogの認知度は、2004年4月の第1回調査時点の59.2%から約1年後の2005年5月には91.3%と急増しました。2004年4月以前の状況はわかりませんが、2003年から2004年にかけて、Blogの認知度が一気に上昇したものと考えられます。

ピークは2006年7月の97.95%で、第29回調査では94.5%となっています。2005年5月以降は一度も90%を下回っていないので、いまや「Blog」という言葉を聞いたことがない人は少ないといっていいでしょう。

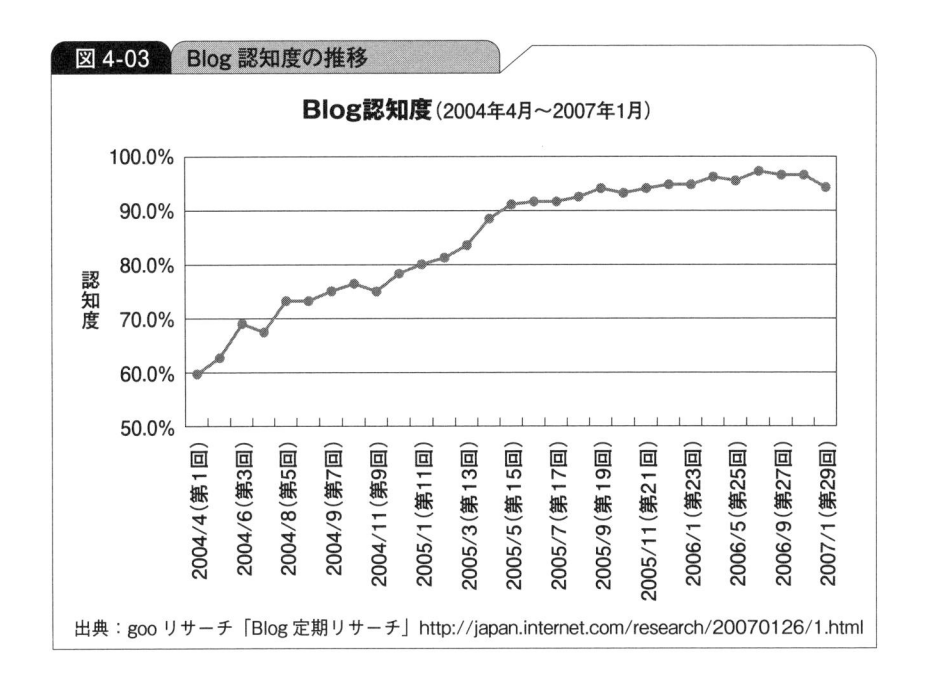

図4-03　Blog認知度の推移

Blog認知度（2004年4月〜2007年1月）

出典：gooリサーチ「Blog定期リサーチ」http://japan.internet.com/research/20070126/1.html

②Blog作成経験の推移

　Blog作成経験が「ある」人は、第1回調査では5.4%とわずかでした。しかし、その後順調に増え、1年後の2005年4月に約4倍の23.9%になりました。ピークは2006年11月の41.5%で、第29回調査でも35.79%と、3人に1人以上がBlogを作成した経験があるとなっています。

　ちなみに、第1回調査では25.7%が「Blogをいつか作ってみたい」と回答していましたが、第29回調査でもBlog作成意向のある人は25.63%で、Blog作成経験者はまだまだ増えていくことが予想されます。

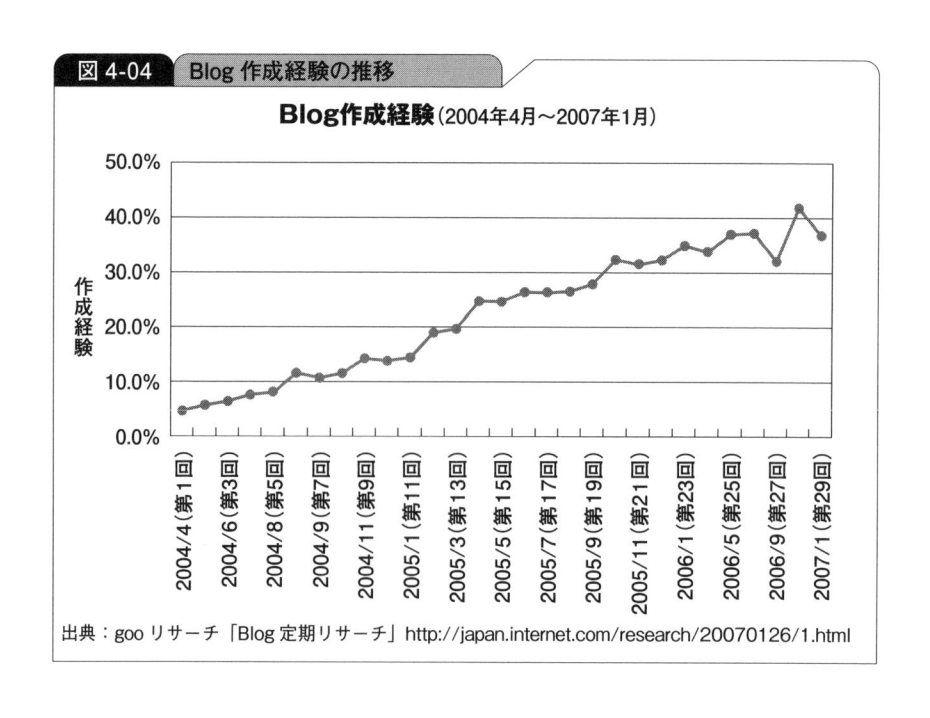

図4-04　Blog作成経験の推移

Blog作成経験(2004年4月～2007年1月)

出典：gooリサーチ「Blog定期リサーチ」http://japan.internet.com/research/20070126/1.html

(3) ブログ機能とマーケティング・ツールとしての価値

多くのブログには、読者が記事にコメントを投稿できる掲示板的な機能が用意されています。また、別のブログへリンクを貼った際に、リンク先の相手に対して通知する「トラックバック」という機能もあります。これらの機能によって、著者同士や著者と読者によるコミュニティが形成されています。

最近では、ブログによる口コミで情報が広がり、マスメディアが後追いでその情報を取り上げるという現象も起きています。これは、ブログがインターネット・マーケティングにおける、有力なコミュニケーション手法のひとつであるという何よりの証拠です。

(4) ブログにアクセスが集中する理由

ブログは、検索エンジンの検索結果において上位に表示されやすいという特徴があります。その結果、ブログのアクセス数が多くなることは多数の実例が証明しています。ブログの機能には、SEO（Search Engine Optimization）上有利に働く要素が多いからです。しかし、SEO上有利に働く要素が多いというのは、従来からあるWebサイトとの比較です。

近年はブログが激増しているため、単にブログを使っているだけでは、検索エンジンの検索結果で上位に表示されにくくなっています。今後、ブログをマーケティング・ツールとしてより有効に活用しようと考えるなら、SEOを実施することが必要になってきています。SEOの詳細については、PART 5のsection 5で紹介します。

section 4　プロモーションからコミュニケーションへ

SNS

　section 4では、CGMの具体例のひとつであるSNSについて見ていくことにします。SNSは世界中で巨大メディアへと成長し、社会のインフラになりつつあります。

(1) SNSとは
　SNS（Social Networking Service）とは、人と人とのつながりを深めることを目的としたコミュニティ型のWebサイトのことです。友人・知人間のコミュニケーションを円滑にする場を提供したり、新たな人間関係を構築する場を提供する、会員制のサービスです。すでに参加している友人・知人からの招待がないと参加できないしくみになっているサービスが多いのですが、最近では誰でも自由に登録できるサービスも増えています。人と人とのつながりを起点として人が集まるところが、情報を起点として人が集まるブログと大きく異なります。

(2) SNSの機能
　SNSは、次のような機能で構成されています。
①自分のプロフィールや写真を会員に公開する機能
②互いにメールアドレスを知られることなく、別の会員にメッセージを送る機能
③友人を登録するアドレス帳の機能
④友人に別の友人を紹介する機能
⑤公開を制限できる日記帳やテーマを決めて意見を交換できる掲示板な

どのコミュニティ機能
⑥予定を書き込めるカレンダー機能

(3) SNSの種類

　SNSは2003年頃アメリカで相次いで誕生しました。草分け的存在の「Friendster（フレンドスター）」、米Google社の社員によって設立された「orkut（オーカット）」、世界で2億人の会員を持ち世界最大のSNSに成長した「MySpace（マイスペース）」、北米の大学生向けに特化してサービスを開始し、その後急成長した「Facebook（フェースブック）」などが有名です。日本でも2004年頃からサービスが始まり、日本最初のSNSといわれる「GREE」や、会員数が1,600万人を超え、世界最大規模のSNSである「mixi」が有名です。

(4) 社会のインフラになりつつあるSNS

　米国では、10代の半数以上がなんらかのSNSに登録しているという調査結果があります。彼らは、電子メールを使わない世代だともいわれています。電子メールは、スパムメールやウィルスが蔓延する危険な存在で、SNSなら安心して友人・知人とコミュニケーションが取れるというわけです。2008年の米国大統領選でも、SNSは活躍しています。候補者たちが複数のSNS上にマイページを持ち、選挙活動を展開していたのです。このような流れは近い将来、日本でも見られるようになるものと予想されます。SNSは、CGM型の単なるサービスのひとつから、インターネットと不可分な社会のインフラに成長する可能性を秘めた存在となりつつあります。

(5) SNSの特徴とマーケティングへの活用

　SNSには、すでに会員となっている友人・知人からの招待がないと参

加できないしくみのサービスが多いため、年齢・性別などの個人属性に関する詐称が少なく、マーケティングデータとしての信頼性が高いとされています。そのため、インターネット調査や商品・サービスの市場評価などに適していると考えられています。それ以外では、新規顧客開拓や新商品・サービスを告知するためのキャンペーンへの活用があります。

① (株) フレンテの事例

　主力商品であるタブレット菓子を全面刷新するのに合わせて、2006年にmixiを活用したキャンペーンを展開しました。主要顧客の10代女性に加え、新規顧客開拓の対象とした20～30代女性のユーザが多かったからです。キャンペーンの内容は、タブレット菓子のキャラクターに日記を書かせるというもので、mixiで初めて、人間以外でアカウントを取ったユーザが誕生しました。キャラクターのページには、約4カ月の間に平均すると毎日1,000名が訪れ、のべ約12万人の足あとが残されました。コメントは1日平均30件、多い日は200件に達しました。

② ワイナリー和泉屋の事例

　ネット上でワインを中心とした通販を行っている同社は、2006年にmixiを活用して、あるF1ドライバーのサイン入りワインを発売しました。mixiのユーザである社長がそのF1ドライバーのコミュニティを探した結果、多くのファンが集う大きなコミュニティを見つけました。コミュニティの掲示板に、そのF1ドライバーの直筆サイン入りワインをアピールして告知したところ、1本5,400円のワイン20ケース (1ケース12本) が即日完売しました。

　(株) フレンテの試みは、SNSをマーケティングに活用して大成功した事例として、多方面から注目を集めました。ワイナリー和泉屋の事例は、「ちりも積もれば山となる」というロングテールの法則をまさに体現した事例といえるでしょう。

図 4-05　SNSとブログの違い

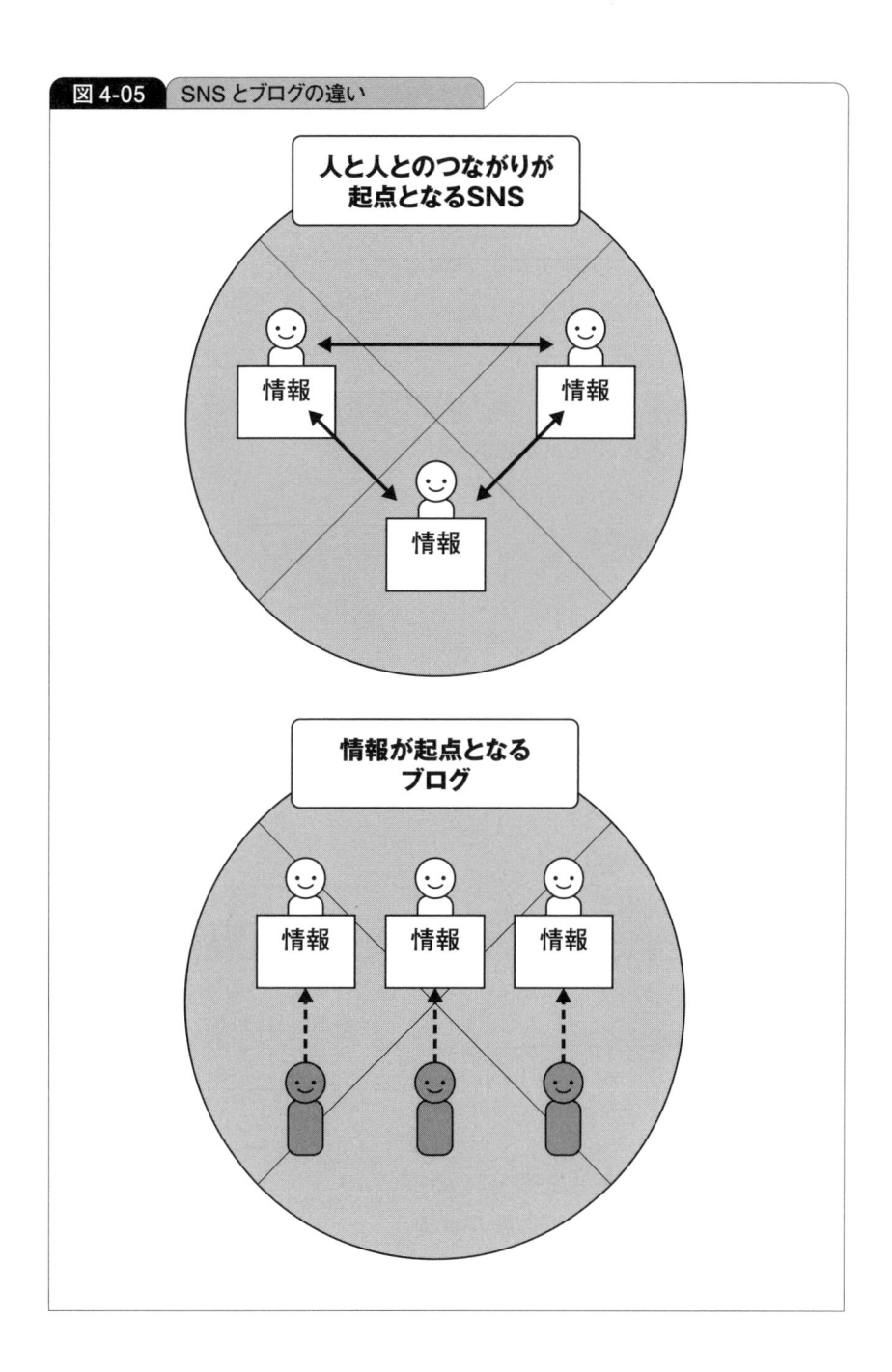

人と人とのつながりが起点となるSNS

情報
情報
情報

情報が起点となるブログ

情報　情報　情報

PART 4　プロモーションからコミュニケーションへ

section 5 　プロモーションからコミュニケーションへ

アフィリエイトの効果

　section 5では、アフィリエイトについて見ていくことにします。アフィリエイトは、Webサイトやメールマガジンなどが企業サイトへ貼ったリンクを経由して、消費者が会員登録したり商品を購入すると、リンク元サイトの開設者に報酬が支払われる広告手法です。

(1) アフィリエイトの種類
　日本で人気のあるアフィリエイトには、オンライン通販大手の米Amazon.com社による「Amazonアソシエイト」や、オンラインモール大手の楽天市場による「楽天アフィリエイト」、アフィリエイト仲介を専業とするASP事業者の「電脳卸」「トラフィックゲート」「A8.net」、「リンクシェア」「バリューコマース」などがあります。

(2) アフィリエイト急増の背景
①ブログ開設者の増加
　アフィリエイトは、Webサイトを開設していれば、誰でも簡単に始めることができます。section 3で見てきたように、ブログ開設者はここ数年急増しました。
　それに伴い、インターネット上で手軽に始めることができる副業のひとつとしてアフィリエイトの人気が高まり、ブログの増加とともにアフィリエイトへの参加者も増加しています。
②費用対効果を重視する広告主の増加
　インターネットが広告媒体として定着した現在では、既存の媒体に広

告を出稿するのと同様、インターネット広告の費用対効果についても厳しく判断されるようになっています。アフィリエイトは、成果報酬型の料金体系のため、成果に見合ったコストになります。費用対効果に厳しい広告主にとっては好感の持てる料金体系のため、アフィリエイトの人気も高まっています。

　近年、人気の高まってきたアフィリエイトですが、広告的価値はどの程度のものなのでしょうか。アフィリエイトの広告的価値を見るうえで見逃せないのは、消費者の購買行動の変化です。

(3) 消費者購買行動の変化
　AISAS理論に基づくと、消費者の購買行動は、次のステップで行われます。
① さまざまな広告媒体（TV、雑誌、新聞、Webサイト）などで興味が喚起される
② 検索サイトで関連のあるWebサイトを検索する
③ 検索結果欄に表示されるWebサイトで情報を収集する
④ Webサイトや実店舗で購入する

　従来、検索結果欄に表示されるのは、企業・ネットショップなどの売り手側のWebサイトがほとんどでした。最近、個人のブログなども多数検索結果欄に表示されるため、売り手側の情報だけでなく、消費者の口コミ情報も容易に収集できるようになりました。ブログの急増で、信頼できる口コミ情報も増加しています。

　その結果、検索行動の主目的が、インターネット上の口コミ情報を収集することへと変化してきています。価格比較サイトの情報も充実しているため、消費者が購入前に、価格比較サイトの情報をチェックする行動も一般化しています。

(4)消費者購買行動の変化による集客の入り口の多様化

　従来、検索サイトが集客の入り口として圧倒的な地位を占めていました。前述した消費者の購買行動のステップを思い出してください。③のステップで情報収集するのは、企業・ネットショップなどの売り手側のWebサイトです。

　つまり、検索サイトからそのまま直接集客されていたのです。最近、③のステップで情報収集するのは、価格比較サイト、個人のブログなどに多様化し、集客の入り口も多様化しています。

(5)アフィリエイトの広告的価値

　ブログに掲載される商品の率直な使用感や評価は、他の消費者の共感を呼び、購入を後押しします。消費者が購入に踏み切る一歩手前の段階にいる場合、売り手側の誘い文句よりも、ブログの生の声の方が大きな影響を及ぼします。

　アフィリエイトで商品・サービスを自身のブログに掲載するアフィリエイターは、一般の消費者が大半を占めます。

　アフィリエイトの広告的価値は、一般消費者の口コミ効果による販売が期待できる点にあります。従来の広告では考えられない効果が期待できるのです。

(6)アフィリエイトの認知度と利用率

　広告効果の高いアフィリエイトの認知度はどうなっているのでしょうか。『インターネット白書2008』（インプレスR&D）の調査では、認知度は70.2％と高い水準にあります。

　ところが、利用率は9.6％にとどまり、今後利用率が高まることが期待されます。

図 4-06 アフィリエイトの認知度と利用率

アフィリエイトプログラムの認知と利用［全体と性別・年代別］

凡例：
- すでに利用している
- まだ使っていないが利用を検討している
- どういうものか知っているが利用していない
- 聞いたことはあるがどういうのか知らない
- 以前利用していたが今は利用していない
- 知らない

区分	すでに利用している	利用を検討	知っているが未利用	聞いたことある	以前利用	知らない
全体 N=2,000	9.6%	4.5%	40.9%	7.8%	7.6%	29.8%
男性10代 N=193	13.5%	8.3%	40.9%	5.7%	6.2%	25.4%
男性20代 N=186	14.0%	5.9%	47.3%	5.4%	8.6%	18.8%
男性30代 N=249	12.0%	6.4%	50.2%	5.6%	8.0%	17.7%
男性40代 N=165	10.9%	4.2%	56.4%	4.2%	10.3%	13.9%
男性50代 N=187	3.7%	4.3%	44.9%	5.9%	10.7%	30.5%
男性60代以上 N=145	2.8%	2.8%	33.8%	9.7%	9.7%	41.4%
女性10代 N=192	8.9%	5.2%	30.7%	7.8%	8.9%	38.5%
女性20代 N=125	12.0%	2.4%	40.8%	12.0%	8.0%	24.8%
女性30代 N=239	12.1%	3.8%	37.7%	5.4%	7.5%	33.5%
女性40代 N=134	9.0%	3.0%	37.3%	9.0%	7.5%	34.3%
女性50代 N=113	7.1%	1.8%	24.8%	6.2%	9.7%	50.4%
女性60代以上 N=72	0.0%	0.0%	29.2%	5.6%	11.1%	54.2%

出典：インターネット白書2008

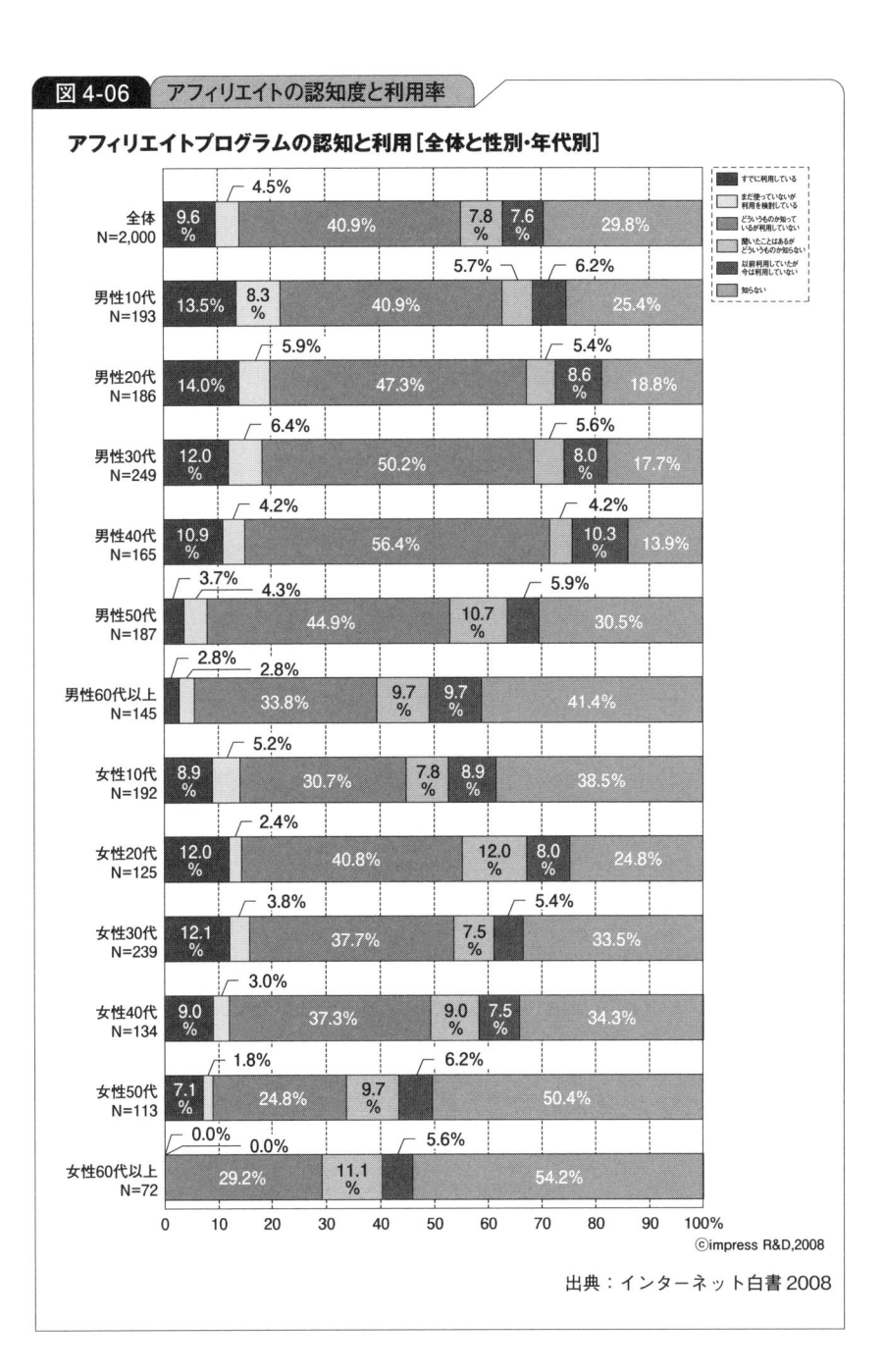

©impress R&D,2008

PART 4 プロモーションからコミュニケーションへ

section 6　プロモーションからコミュニケーションへ
ドロップシッピングの普及と課題

　section 6では、ドロップシッピングについて見ていくことにします。ドロップシッピングは、米国で定着しているネット通販の手法で、近年日本でも注目を集めるようになっています。

(1) ドロップシッピングとは

　ドロップシッピング（Drop Shipping；以下DS）は、直訳すると「直送」という意味になります。商品の仕入、顧客への発送、代金の回収などを代行してくれる専門のサービス事業者（Drop Shipping Service Provider；以下DSP）を利用した、インターネットによる通信販売の形態のひとつです。アフィリエイトと通常のネット通販の特徴を組み合わせたしくみです。DSPが提供する流通システムを使うため、在庫を持たなくてもネットショップを開店できます。DSの運営者は、自分のWebサイトに商品リストを掲載するだけで、顧客からの注文情報は委託先のDSPに送られ、商品はDS運営者の店舗名で顧客に届けられます。

(2) 通常のネット通販との違い

　通常のネット通販では、ネットショップ運営者が商品の受発注や返品対応などバックヤード業務に関わる必要があり、顧客からの注文や商品の発送、クレームの対応などに1日中追われるケースも少なくありません。DSでは、DSPが、商品の仕入、顧客への発送、代金の回収や決済システムの導入などの機能を提供し、ネットショップ運営者はWebサイトで集客するだけで運営できます。ネットショップ運営者がバック

図 4-07　ドロップシッピング・アフィリエイト・通常のネット通販の違い

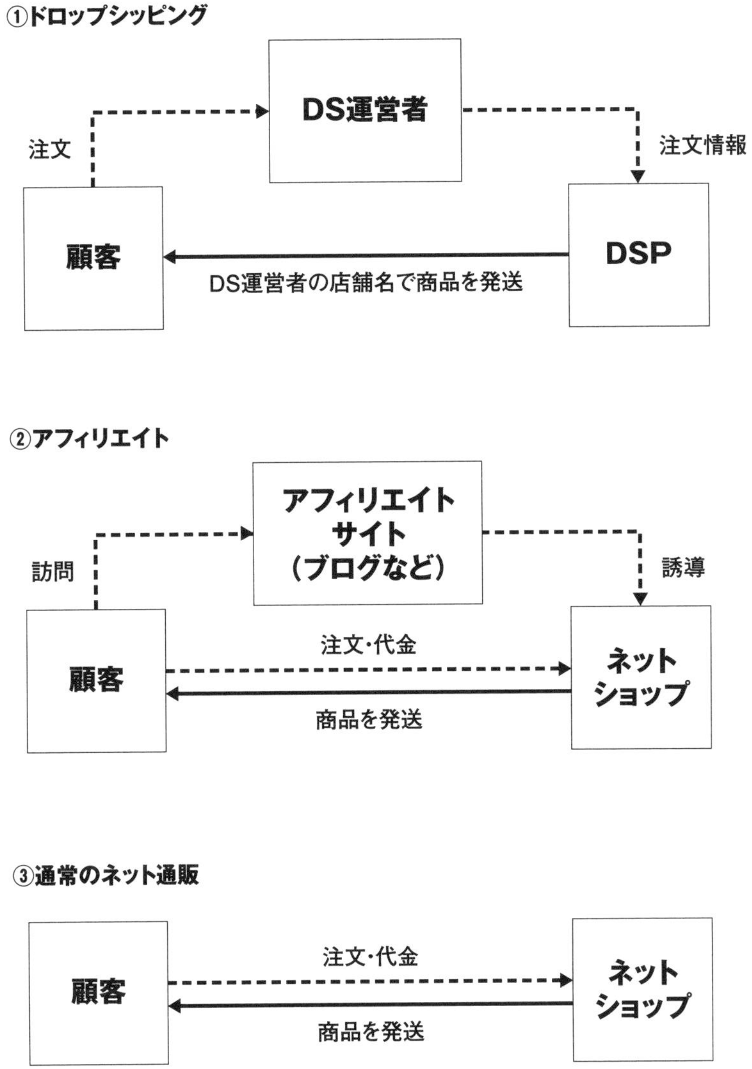

①ドロップシッピング

- 顧客 → DS運営者：注文
- DS運営者 → DSP：注文情報
- DSP → 顧客：DS運営者の店舗名で商品を発送

②アフィリエイト

- 顧客 → アフィリエイトサイト（ブログなど）：訪問
- アフィリエイトサイト → ネットショップ：誘導
- 顧客 → ネットショップ：注文・代金
- ネットショップ → 顧客：商品を発送

③通常のネット通販

- 顧客 → ネットショップ：注文・代金
- ネットショップ → 顧客：商品を発送

参考：日経ビジネスオンライン「ネットのあした」
(http://business.nikkeibp.co.jp/article/tech/20070705/129201/)

PART 4　プロモーションからコミュニケーションへ

ヤード業務に関わる必要がなく、商品の販売に全力を注げるようになっています。

(3) アフィリエイトとの違い

アフィリエイトは、基本的に商品の広告という位置づけです。アフィリエイトを運営するアフィリエイターは、自分が推薦する商品を紹介し、自分のサイト経由で商品が売れた場合に売上の一部がもらえるというものです。ネットショップに顧客を誘導しているだけで、ネットショップ側の決めた価格で商品を売らなければなりません。アフィリエイターは、宣伝料として販売価格の3〜5％程度を得るだけです。

DSは、メーカーの販売窓口の役割を担います。サイトの運営者が推薦する商品の価格を自由に決めることができ、メーカーなどからの卸価格との差額が利益となります。そのうえ、バックヤード業務のコストがかからないため、通常は販売価格の30〜40％の粗利益を手にすることができます。通常のネット通販とは異なり、在庫を持たなくてよいため、価格が高くて売れなくても損失を抱えることはありません。

(4) DSのメリット

DSは、商品を提供するメーカーとWebサイト運営者の双方にメリットがあります。

メーカーにとっては、リスクなしでネット上に多数の代理店を開くことができ、販路を拡大できるというメリットがあります。

Webサイト運営者にとっては、在庫なしで品ぞろえを増やせることや、発送業務が不要で、マーケティングに専念できるというメリットがあります。アフィリエイトと比較した場合では、特に、次のようなメリットが強調できます。

①顧客情報を基にしたマーケティング活動ができる

顧客がサイトを通過するだけのアフィリエイトでは顧客情報は残りませんが、DSは実際に顧客からの注文を受け付けるため、顧客情報を蓄積させることができます。蓄積した顧客情報を基に顧客の属性を確認し、メールマガジンなどを発行するといった販促活動につなげることもできます。

②アフィリエイトより利益率が高い

在庫リスクがないため販売価格を自由に決めることができ、アフィリエイトよりも利益率が高くなります。

(5) DS普及の背景と問題点

日本でも、副業としてDSを実施している人が着実に増えています。2007年度には日本のDS運営者は約10万人と推定され、その後も増え続けていると推測されます。背景には、DSに関わるしくみを一括して提供するサービス事業者であるDSPが、次々と誕生していることがあります。DSPを利用することで、手軽に成功できてアフィリエイトより儲かるからと、軽い気持ちでDSを始める人が増えているのです。

一方、注文を受けたのにDSP側でその商品が売り切れていてトラブルになることもあります。多くのDS運営者には、販売店を運営している自覚がなく、納期や商品について全く知らずに販売しているという指摘もあります。

(6) DS発展の課題

このような状況に業界内でも危機感が募り、DSPなどを中心に2007年4月に「日本ドロップシッピング協会」が設立されました。同協会では、自主ルールを作って個人店主の責任を明確にするなど、業界が抱える問題の解決に取り組んでいます。DS発展の課題は、DS運営者が販売店経営者に相応しい自覚と責任を持ち、自店を運営していくことです。

section 7　プロモーションからコミュニケーションへ

動画共有サイトの活用と課題

　section 7では、動画共有サイトについて見ていくことにします。動画共有サイトとは、動画をアップロードして顧客同士で共有できるサービスのことです。近年、マーケティング・ツールとして活用しようという取り組みが増えています。

(1)動画共有サイトの代表格「YouTube」

　動画共有サイトの中では、2005年2月に設立された米YouTube社が運営する「YouTube（ユーチューブ）」が代表格です。会員登録することによって、誰でも動画ファイルをアップロードし公開することができます。

　YouTubeで公開された動画ファイルは、会員登録をしていない顧客でも無料で閲覧することができ、閲覧したい動画の検索もできます。会員登録した顧客であれば、閲覧した動画に対するコメントを投稿したり、動画を5段階で評価したりできます。

　YouTubeは、投稿される作品の質・量の面で他の多くの動画共有サイトを圧倒しており、YouTubeへのアクセス数は増え続けています。

　YouTubeの圧倒的な集客力は米Google社の目にとまり、2006年10月に、YouTube社は買収によって米Google社の子会社になりました。

(2)増殖した動画共有サイトの現状

　ネット調査会社ネットレイティングスの発表によると、2007年5月の動画関連サービスの利用者数（家庭からのアクセス）は、1位が

YouTube（1,164万8,000人）、2位がYahoo!動画（575万8,000人）、3位がGyao（489万7,000人）となっています。

　海外の動画共有サイトが日本国内での利用者数を増やすことに刺激を受けて、2006年に入ってから、国内でも動画共有サイトが次々に誕生しました。SNSのmixiも、これまで有料会員だけに提供してきた動画共有サービスを、一般会員にも開放し始めました。しかし、収益の柱である広告収入で事業を継続できる動画共有サイトの数はそう多くはありませんでした。

　その結果、2006年から2007年にかけて一大ブームとなった動画共有サイトは、2007年から2008年の1年で淘汰が進みました。現在、国内で利用者が多い動画共有サイトは、ドワンゴの子会社（ニワンゴ）が運営するニコニコ動画です。2007年1月にサービスを開始したニコニコ動画は、投稿された動画にユーザが自由にコメントをつけることができ、人気を博しています。ネットレイティングスの2007年12月の発表によると、一人当たりの平均利用時間、一人当たりの利用回数ともに、2位のYouTubeを大きく引き離す結果となっています。

(3) マーケティング・ツールへの活用事例

　SNSと連携した動画共有サイトを立ち上げ、マーケティング・ツールとして活用しようという動きがあります。大塚製薬は、2006年に大手SNSのmixiと提携した「ファイブミニ」のプロモーションを成功させました。

　こうした成功例を見て、企業がSNSと提携したり、自前のコミュニティを立ち上げようとする動きが加速してきました。ソニーは、ソニー製品を利用している顧客の楽しみをさらに広げようと、動画共有サイトeyeVio（アイビオ）を立ち上げています（2009年6月1日から（株）スプラシアが運営）。

インディーズ音楽で国内最大級のコミュニティサイトを運営するミュージーは、新人アーティストの発掘や、CD発売前のプロモーションなどに活用しています。

(4)活用上の課題
　動画共有サイトをマーケティング・ツールとして活用することを考えた場合、次の2つの活用方法が考えられます。

①広告収入を得るための集客の道具として活用する
②コミュニティ内でプロモーションを展開する道具として活用する

　いまのところ、広告収入で事業が成り立つ動画共有サイトの数は多くはありません。その中で、先に紹介した国内の動画共有サイトのニコニコ動画が健闘しています。ニコニコ動画の特徴は、投稿された動画にユーザが自由にコメントをつけられる機能です。本音そのままのストレートさがサイトのカラーになっており、巨大掲示板の「2ちゃんねる」的な要素を動画共有サイトに取り入れて成功したといえます。広告収入で事業を成り立たせるためには、ニコニコ動画のように、従来にない新しさを取り入れないと成功は難しいといえます。
　コミュニティ内でプロモーションを展開する道具として活用する場合、動画の持つ生々しさ、迫真性によって、プロモーション効果がより活性化することが期待できます。
　しかし、悪いイメージを与えてしまった場合、動画の持つ生々しさ、迫真性によって「2ちゃんねる」以上のインパクトを与えることになります。コミュニティ・サイトの運営者は、この点に留意して動画共有サイトを活用する必要があります。

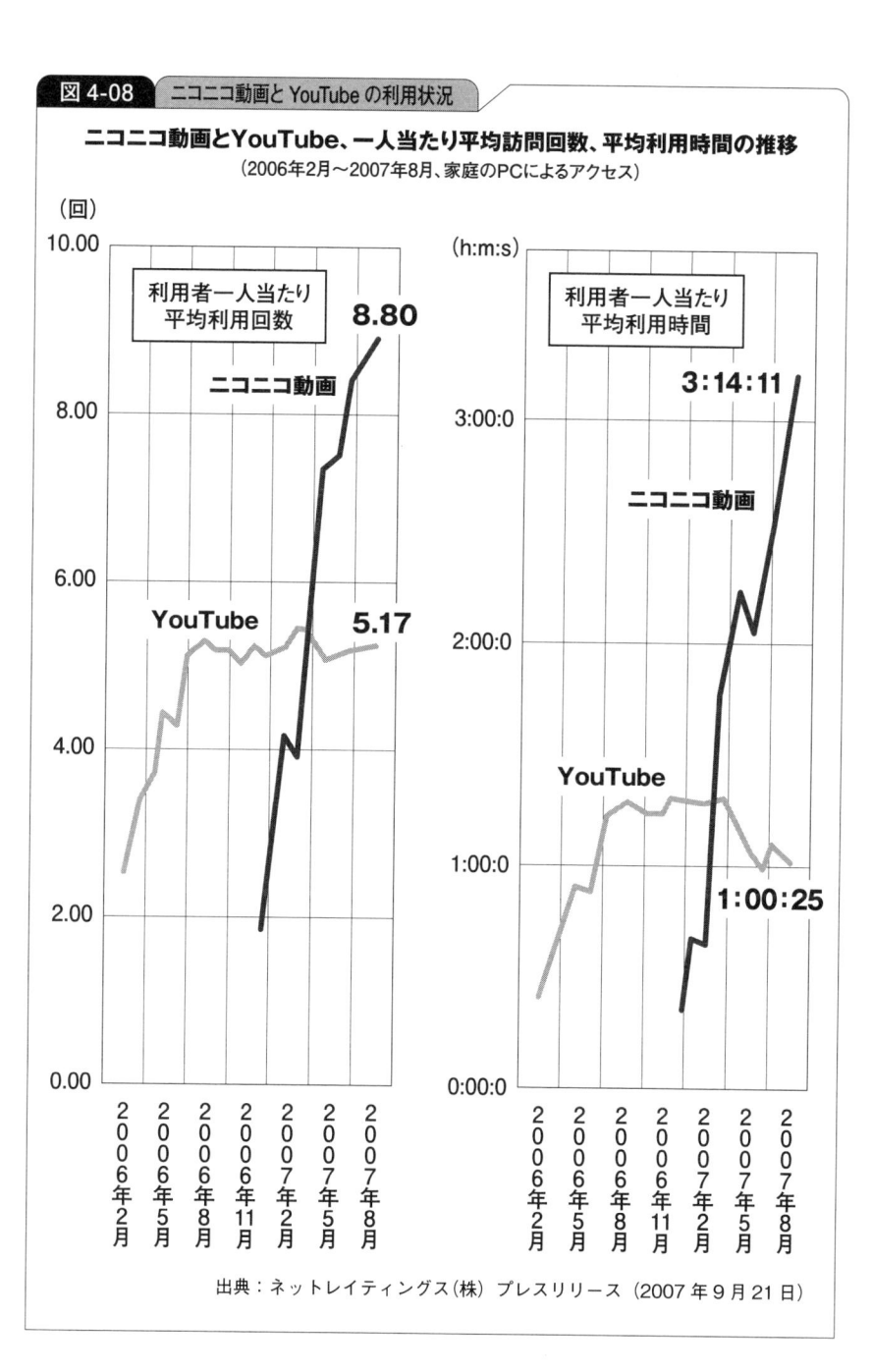

図 4-08　ニコニコ動画とYouTubeの利用状況

ニコニコ動画とYouTube、一人当たり平均訪問回数、平均利用時間の推移
（2006年2月〜2007年8月、家庭のPCによるアクセス）

（回）

利用者一人当たり平均利用回数
- ニコニコ動画　8.80
- YouTube　5.17

（h:m:s）

利用者一人当たり平均利用時間
- ニコニコ動画　3:14:11
- YouTube　1:00:25

出典：ネットレイティングス(株) プレスリリース（2007年9月21日）

PART 4　プロモーションからコミュニケーションへ

section 8　プロモーションからコミュニケーションへ
メールマガジンとマーケティング

　section 8では、メールマガジンを使ったマーケティングについて見ていくことにします。日本では、企業はもちろん個人によるメールマガジンも多数発行されています。

(1) メールマガジンとは
　電子メールを利用して発行される雑誌のことです。発行者は、定期的にメールで情報を届けるシステムを利用して、メールマガジンの購読者にメールを配信します。

　メールの配信には、①メールマガジン配信スタンド（「まぐまぐ」「メルマ！」などのメールマガジンを配信するサービス事業者）を利用する、②メール配信ソフトを利用する、③ASP（ビジネス用のアプリケーションソフトをインターネットを通じて顧客にレンタルする事業者）を利用する、などの方法があります。いずれの方法でも、低コストで容易にメールマガジンを発行でき、企業だけでなく個人などからも数多くのメールマガジンが発行されています。

(2) メールマーケティング
　顧客や潜在顧客に電子メールを配信するマーケティング手法を、メールマーケティングといいます。インターネット・マーケティングの手法の中で、メールは数少ないプッシュ型のマーケティング手法です。顧客から容易に反応が得られる、時間もコストもかからないなど、非常に魅力的なマーケティング手法です。メールと同じプッシュ型の手法として

図 4-09　メールマガジン（まぐまぐ）の広告例

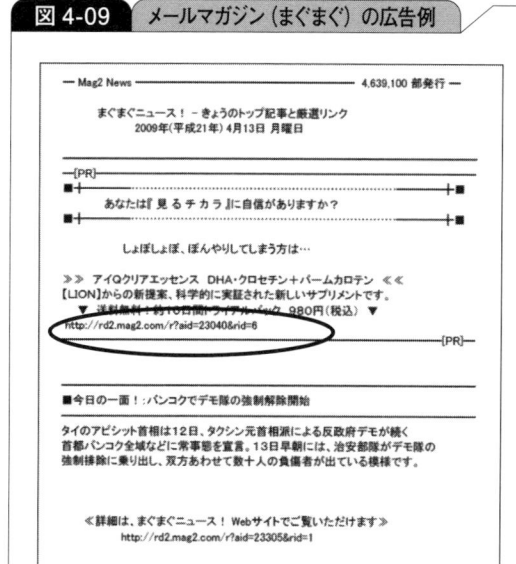

※ PR 欄の URL をクリックすると、出稿元企業の PR 用 Web サイトが表示されます。

RSS（詳細は次 section を参照）が有望視されていますが、配信される RSS フィードを受け取る RSS リーダーの普及がこれからという状況です。

　インターネット・マーケティングの手法の中で、顧客への告知手段や顧客との長期にわたる関係を強化する手段として、メールは現在でも有効な手段であり続けています。

(3) メールマーケティングの留意点

　メールをマーケティング手法として活用するためには、いくつかの留意点があります。

　第一は、顧客から事前に了解をとる必要があることです。顧客から事前に了解をとることを「オプトイン」といいます。顧客が拒否の意思表示をできる状態にすることを「オプトアウト」といいます（メールマガ

ジンの購読解除の方法を記載するなど)。

　メールマーケティングの手法としては、圧倒的に効果が高いのはオプトイン・メールの方です。

　オプトアウト・メールを安易に使用すると、顧客の了解を得ずに配信されるメール、いわゆるスパム（SPAM）と同列に扱われる危険性があります。オプトアウト・メールにする場合には、その点に十分注意する必要があります。

　第二は、顧客を飽きさせず、常に新鮮な刺激を与え続ける必要があることです。そのためには、魅力的な文面を作成するテクニックが要求されます。

　日本のインターネット利用者のほぼ全員が、なんらかのメールマガジンを購読しており、数十通のメールマガジンに登録している利用者も珍しくありません。

　しかし、メールマガジンの発行数・登録ユーザ数が増加するのに比例して、逆に個々のメールの開封率は低下しています。厳しい競争環境の中で、自社の発行するメールマガジンを開封してもらうには、メールの件名と見出しには特に工夫を凝らす必要があります。

　テキスト形式では長文化するような場合は、HTML形式のメール（Webページの記述に使用するHTMLで記述することでビジュアルな表現を可能にしたメール）を導入することも必要になります。

　第三は、顧客に「押し売り」の不快感を与えないようにする必要があることです。工夫のない件名で時候の挨拶に続けて、延々と自社商品・サービスの紹介・宣伝をしているだけのメールでは、顧客との関係強化という意味ではかえって逆効果です。

　メールマガジンを継続して購読してもらうためには、顧客に利益を提供するという発想が必要です。これは、メールマーケティングで最も大切な留意点です。

(4) 顧客とWin-Winの関係構築

　前項で、メールマーケティングでは、顧客に利益を提供するという発想が最も大切な留意点だと述べました。これは、顧客に利益を提供することで、既存顧客をリピーター化し、最終的には自社のファン・信者になってもらうためです。

　新規顧客を獲得する費用に比べて、リピーターを獲得する費用は約7分の1に過ぎないといわれています。優良なリピーターは、生涯にわたって企業に利益をもたらしてくれます。ファン・信者は、その企業の口コミ・リーダーとなって、費用をかけずに企業に新規顧客を連れてきてくれます。

　そのためには、企業側も顧客の立場に立って、顧客の利益を第一に考えた経営を行っていく必要があります。メールは、顧客の利益を第一に考えているという企業側の姿勢を、企業側から積極的に顧客に伝えることができるツールです。

　企業側は、顧客との長期にわたる関係を強化する手段として、メールを有効に活用していくことが大切です。

(5) 発行上の留意点

　顧客に利益を提供するといっても、顧客のニーズやウォンツは多様です。すべての顧客に対して一律に同じメールマガジンを発行するだけでは、顧客に利益を提供しているとはいえません。

　そのような場合、パーソナライズドメールが有効です。顧客の属性、趣味・嗜好、過去の購入履歴などに合わせ、顧客ごとに内容を変えて配信するメールをパーソナライズドメールといいます。

section 9　プロモーションからコミュニケーションへ
RSSとマーケティング

　RSSとは、Really Simple SyndicationまたはRich Site Summary の略で、Webサイトの見出しや要約文をXML形式で配信する技術です。RSSは、Webサイトで更新された情報のタイトルや記事を構造化して、XML形式のファイルを生成します。フィードと呼ばれる配信用のアドレスを知っていれば、Webサイトを開かなくても更新情報がブラウザやRSSリーダーなどのソフトウェア上で確認できます。

(1) RSSの登場

　RSSは、Webサイト情報のサマリーを閲覧できるものです。近年、ブログなどのコンテンツ管理システムの普及により、RSSを配信するサイトが増えてきています。メールマガジンとは異なり、メールアドレスの登録が不要で敷居が低いことから、ニュースサイトなどが配信するRSSが増えています。

(2) RSSのメリットとデメリット

　RSSは、インターネットによる情報配信ツールの「メールマガジン」とよく比較されます。情報を同じように配信するメールマガジンとRSSにはそれぞれどのような特徴があり、どのようなメリット・デメリットがあるのでしょうか。RSSのメリットとデメリットを、ユーザ、サイト運営者の両方から見ていきましょう。

①ユーザのメリット

RSSは、フィードと呼ばれるファイルをRSSリーダーに登録しておくだけで、対象サイトの更新情報を購読することができます。一方、メールマガジンの場合、メールアドレスを登録する必要があります。メールアドレスを信頼の置けないサイトに登録するのは、セキュリティや情報漏えいの面で不安になることがあります。
　しかし、RSSであればメールアドレスの登録は必要ありませんので、心配しなくてよいというメリットがあります。

②ユーザのデメリット
　RSSは前述のように購読に心理的障壁が少ないため、簡単に多くのサイトを購読してしまいがちです。このため、ユーザ自身が興味をもってRSSを閲覧していかなければ、すぐに多くの情報に埋もれてしまうことでしょう。ほとんどのRSSでは記事の一部だけが配信され、すべての記事を見るためにはサイトにアクセスする必要があります。
　このため、常にオンラインでないと利用できないことや、Webサイトで多くの広告に出会うなどのデメリットがあります。この点はメールマガジンの方がオフラインでも利用できるうえに、テキストですべての情報が入るため便利です。

③サイト運営者のメリット
　サイト運営者側にとって、RSSはどのようなメリットがあるでしょうか。RSSは、メールマガジンと異なり登録者のメールアドレスが必要ありません。そのため、メールマガジンより多くの購読者を集められる可能性があります。メールマガジンの配信は、個人情報保護の観点からも、情報漏えい対策やメールアドレス管理など、手間と時間とコストがかかるものです。RSSであれば、コンテンツ配信は自動的に行われるため、煩雑なメールアドレス管理が不要になります。オープンで敷居の低い情

報の配信には、低コストで信頼性の高いRSSはうってつけです。

④**サイト運営者のデメリット**

　サイト運営者側のデメリットはどのようなものがあるのでしょうか。上述のように購読者のメールアドレスを利用できないため、ターゲットを絞った広告や、購読者の管理などができません。RSS配信から収益向上を狙うには、①RSSに広告を載せる、②Webサイト上で自社サービスを紹介する、③Webサイト上にコンテンツ連動広告を貼る、のいずれかを行う必要があります。RSS配信を収益と結びつけるには、さまざまな工夫が必要になってきます。米FeedBurner社のサービスのようにRSSに広告を混ぜるシステムや、米Google社のAdsenseなどのコンテンツ連動広告を利用して広告収入を得る手段が有効です。

(3) 浸透するRSSリーダー

　RSSを購読するには、RSSリーダーが必要です。2008年に公開されたInternetExploler のバージョン7には、RSSリーダーが標準で搭載されました。ブラウザ以外のRSSリーダーも普及しており、RSSが一般のインターネットユーザにも広く普及していくことでしょう。今後、RSSをマーケティングに活用していく事例が増えていくものと思われます。

(4) RSS活用の提言

　RSSは運営者側から見ると、既存のメディアよりも低コストで安心して情報を配信できることが特徴です。一方の受信者側も、効率的な情報収集に欠かせないツールとなっていくことでしょう。サイト運営者はRSSを新たな情報伝達手段として認識し、自サイトの魅力アップのために積極的に活用していくことが求められます。

図 4-10 Internet Explorer の RSS 機能

InternetExplorer では、バージョン 7 で RSS リーダーの機能が追加された。

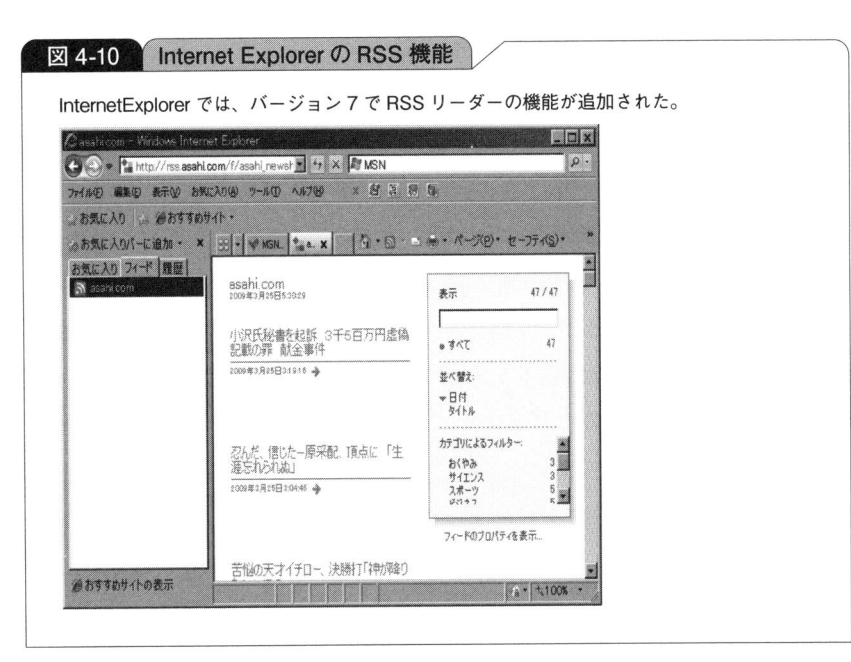

図 4-11 RSS の概念図

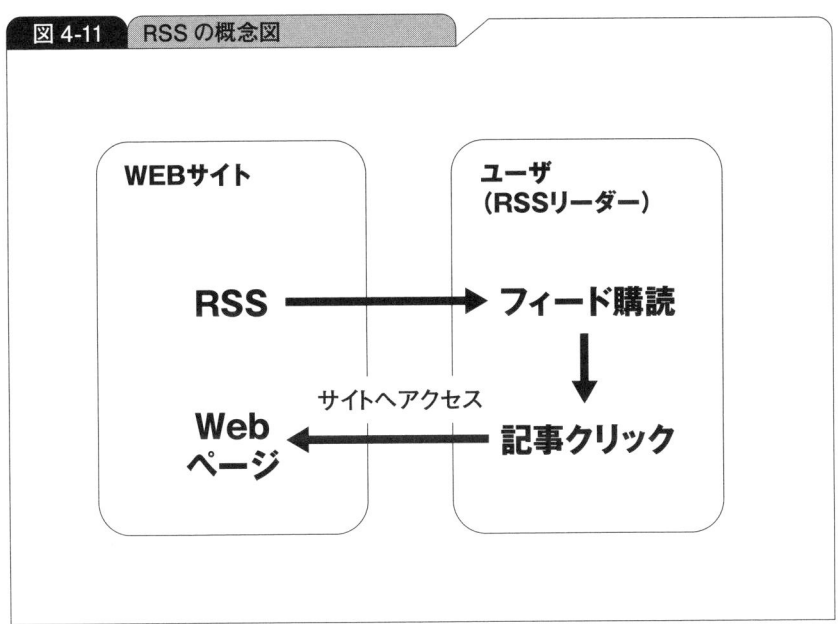

```
WEBサイト                    ユーザ
                           (RSSリーダー)

RSS  ───────────▶  フィード購読
                                │
                                ▼
        サイトへアクセス
Web  ◀───────────  記事クリック
ページ
```

section 10　プロモーションからコミュニケーションへ
ショッピング・エージェント

　section 10では、インターネットを使った商品購入の支援サービスであるショッピング・エージェントについて紹介します。ショッピング・エージェントの活用によって、商品購入を買い手主導に変えることが可能になります。

(1) ショッピング・エージェントとは
　消費者が商品を購入する際、役立つ情報を提供したり最適な小売業者を紹介活用するインターネット上のサービスのことです。複数のWebサイトや店舗における販売価格の情報を収集して、商品ごとに一覧表示するサイトが典型例で、その代表例が「価格.com」です。

(2) ショッピング・エージェントの機能
　店舗でショッピングする場合でも、自分だけの掘り出し物を見つけたときの喜びは格別です。ショッピングを楽しむ消費者は、ただ単に欲しい商品を手に入れるだけでは飽き足らず、購入にいたる過程を楽しんでいるのかもしれません。
　ただ、そこまでのこだわりのない消費者でも、自分が購入しようとしている商品をもっと安く売っている店舗はないかと考えることはあるでしょう。
　インターネット上でショッピングをする場合、瞬時に別のWebサイトに移動できることで多数の店舗を見て回ることができるため、その傾向がより顕著になります。

しかし、実際の店舗を何軒も見て回るよりは手間はかからないとはいっても、多数のWebサイトを巡回して価格や納期を調べるには大変な手間がかかります。

ショッピング・エージェントと呼ばれるネット上の新しいサービスは、価格や納期を調べる手間がかかるという問題を解消するために登場しました。

先に紹介した「価格.com」は、パソコンや家電、スポーツ用品などを対象に、ネット上の多数の販売サイトから価格情報を収集し、自社のWebサイト上に無料で提供しています。

ショッピング・エージェントのサイトでは、自社サイトへの集客力を活用して、登録店舗からの登録料や手数料、広告出稿企業からの広告料で収益を上げています。

(3) ショッピング・エージェントの事例

ショッピング・エージェントは一種の仲介業のため、事業を立ち上げやすく、「価格.com」を企画・運営する株式会社カカクコム以外にも、パソコン、自動車、保険などの分野で続々と登場しています。それ以外でも、不動産、旅行、英会話学校など、さまざまな商品・サービスを対象にしたショッピング・エージェントが登場しています。

(4) ショッピング・エージェントの課題

ショッピング・エージェントの登場によって、商品購入を買い手主導に変えることが可能になると冒頭で述べました。しかし、ショッピング・エージェントは、ビジネスモデルに大きな矛盾を抱えています。ショッピング・エージェントは、収益の大部分を登録店舗からの登録料や手数料、広告出稿企業からの広告料に頼っています。

そのため、小売業者の販売価格を比較して競争を促すといった、商品

購入を買い手主導に変えるサービスに踏み込めないこともあります。そのため、消費者と小売業者の板挟みにあい、消費者の利便性を高めるというショッピング・エージェントの存在意義を十分に果たせないことがあります。

この矛盾を解決するためには、集客力を高めることが大切です。集客力を高めることで売り手に対する交渉力を高め、買い手の利便性を高めるサービスを展開していくことが求められています。

(5) ショッピング・エージェントの可能性

ショッピングを楽しむ消費者は、購入にいたる過程を楽しんでいると先に述べました。買い物の目的は、もちろん欲しい商品・サービスを手に入れることです。

しかし、購入までの過程を楽しむことも、買い物の大きな目的のひとつであると考えられます。他では売っていない商品の情報、誰も知らない特売商品の情報、これら有意義なショッピング情報を見つけたときの喜びは大きいはずです。

ところが、価格以外の要素での有意義な情報やサービスは、まだまだ少ないのではないでしょうか。価格比較サイトの分野での競争は激しいですが、それ以外のサービスに関しても、新しいタイプのショッピング・エージェントが出てくる余地は十分にあると考えられます。

今後は、価格以外でも有意義なショッピング情報を提供できるショッピング・エージェントのサービスが充実していくことが望まれます。

図 4-12 「価格.com」の Web サイト

パソコンや家電から資格・スクールまで、多種多様な商品の価格比較情報の検索が可能

(http://kakaku.com)

section 11　プロモーションからコミュニケーションへ

メタバースの活用と期待

　section 11では、メタバースについて見ていくことにします。メタバースを代表する存在である「セカンドライフ」は、2007年に話題となり認知度は上がりましたが、サービスの利用者はまだ限定的な状態です。しかしメタバース全体のユーザ数、利用時間、経済活動は着実に増加しており、今後も、メタバースの動向からは目が離せない状況が続くことでしょう。

(1) メタバースとは

　メタバースは、メタとユニバースを組み合わせた造語で、1992年にニール・スティーヴンスンが発表した小説『スノウ・クラッシュ』にはじめて登場した概念です。同作品では、近未来人が公共利用できる仮想空間としてメタバースが登場します。主人公のヒロは、実世界ではピザ屋をクビになった無職の若者ですが、メタバースでは剣士のアバター（チャットなどのコミュニケーションツールで、自分の分身として画面上に登場するキャラクター）として生活しています。

(2) メタバースは「もうひとつの世界」

　メタバースは、ネット上に存在する3次元の仮想空間のことを指し、主にインターネットに接続したパソコンで利用するサービスです。仮想空間は3次元コンピュータグラフィックス（3DCG）で描かれており、実社会と同じような地形や街並が用意されています。利用者はこの仮想空間内でアバターを操作し、他のアバターとともに社会生活を営んでい

ます。ここでいう社会生活とは、実社会とさほど変わらないものです。アバター同士の会話はもちろん、自分で作ったモノを販売するなど経済活動もできます。このことから、メタバースは実社会のように行動できる「もうひとつの世界」といえます。

(3) セカンドライフの可能性と限界

　セカンドライフとは、米Linden Labs社が運営する、3DCGで構築されたインターネット上の仮想世界のことです。ユーザは会員登録を行い、ソフトウェアをインストールすることで、仮想世界に参加できます。ソフトウェアは各国語版が用意され、WindowsやMac OS、Linuxなどで利用可能です。2002年にサービスが開始され、2003年より商用サービスに移行しました。2007年には日本語版が公開されています。

　セカンドライフでは、アバターを動かすことにより、仮想世界にいる他のユーザと交流したり、チャットで会話もできます。同社の発行する「リンデンドル」（L$）と呼ばれる通貨を使用して、商品や土地、建物などの売買を行うこともできます。リンデンドルは同社から米ドルで購入することができるとともに、米ドルに換金して引き出すことも可能です。

　仮想世界内で現実と連動した経済活動ができることから、アイテムを作成して他のユーザに販売したり、土地を購入して建物を立てて貸したり転売するといった経済活動が盛んになりました。人が集まる場所には、広告効果を期待して、企業が「ショールーム」や「支店」を構えている例もあります。

　セカンドライフは、一時は盛んにメディアに取り上げられましたが、いくつかの原因から、結局あまり普及していません。

　主な原因として、高スペックパソコンが必要なこと、サーバの稼働状況が不安定なこと、他者と交流するためには時間的な制約を受けること、

具体的に何をしたらよいかわからないこと、などがあります。

(4) セカンドライフの後続の動向

日本製メタバースも本格的に動き始めています。

① splume（スプリューム）

2007年3月にベータサービスを開始しています。特徴は、「オープンエンド」なプラットフォームであり、企業でも個人でもユーザが、自身のWebサーバ上でsplumeの「セカイ」を創り出すことができることです。イベント連動型メタバースのプラットフォームとして活用されています。

② meet-me（ミートミー）

2007年12月にベータサービスを開始しています。特徴は、地図データをもとに再現した東京の街並です。さまざまな業界の大手企業から出資・協力を受けており、今後も話題性のある動きが期待されます。

③ ダレットワールド

2008年2月にベータサービスを開始しています。特徴は、ユーザの活動をサポートするNPC（ノンプレイヤーキャラクター）や、特定の場所でアイテムを使うとイベントが発生する仕掛けなどが組み込まれていることです。これらは、「具体的に何をしたらよいかわからない」というセカンドライフ初心者が陥りやすい状況の解決策のひとつといえます。

(5) メタバース活用の方向性

野村総合研究所は2008年5月25日に、メタバース市場の未来を予測した『ITロードマップ』を発表しました。同研究所は「サーバソフトのオープン化」「複数サービスの普及（マルチバース化）」「メタバース間の相互運用性の確立（仮想通貨の交換市場の成立など）」といった発

展プロセスを予想しています。

　これらの発展プロセスをたどるかどうかはわかりませんが、企業や消費者に対して仮想空間というプラットフォームを提供することで、広告以外のコミュニケーション対応の場としてメタバースを活用することが期待されています。

図 4-13　日本のユーザアクティブ率が上昇

個別に見るセカンドライフのアクティブ率トップ40

国／地域	アクティブアバター数	アクティブ率	国／地域	アクティブアバター数	アクティブ率
米国	189,629	36.74%	トルコ	2,914	0.56%
ドイツ	42,201	8.18%	オーストリア	2,487	0.48%
英国	40,344	7.82%	ギリシャ	2,139	0.41%
フランス	25,759	4.99%	ルーマニア	2,058	0.40%
日本	24,872	4.82%	大韓民国	1,911	0.37%
イタリア	22,578	4.37%	アイルランド	1,739	0.34%
ブラジル	21,855	4.23%	ニュージーランド	1,560	0.30%
カナダ	17,020	3.30%	ロシア	1,523	0.30%
オランダ	16,818	3.26%	シンガポール	1,523	0.30%
スペイン	16,562	3.21%	インド	1,472	0.29%
オーストラリア	12,788	2.48%	ノルウェー	1,340	0.26%
ベルギー	5,453	1.06%	チェコ	1,242	0.24%
ポルトガル	5,152	1.00%	フィンランド	1,189	0.23%
ポーランド	4,426	0.86%	ベネズエラ	1,083	0.21%
スイス	3,841	0.74%	コロンビア	1,056	0.20%
メキシコ	3,153	0.58%	スロベニア	1,004	0.19%
スウェーデン	3,354	0.65%	イスラエル	978	0.19%
アルゼンチン	3,336	0.65%	ペルー	972	0.19%
中国	3,198	0.62%	チリ	935	0.18%
デンマーク	3,092	0.60%	ハンガリー	832	0.16%

出所　Second Life Economy Key Metrics（2008年4月版）

2007年のデータと比較して、2008年の4月には日本のアクティブ率（1ケ月に1時間以上利用するユーザの比率）は約2倍となり、国別でも5位となった

出典：「インターネット白書2008」

section 12　プロモーションからコミュニケーションへ
SMOの浸透とマーケティング

　SMOとはSocial Media Optimizationの略で、CGM系のサイト（掲示板、ブログ、SNS）での認知度と評判を向上させる手法です。サイト運営者はCGMを（コンシューマー生成メディア）活用することで、これまで以外のルートからのアクセスアップやWebサイトへの誘導効果を発揮できます。

(1) 急増するCGM系サイトの利用者数
　現在のインターネットでは、掲示板、ブログ、SNSといったCGM系のサイトを利用する人が年々増加しています。CGM系サイトは、利用者が個人の意見や情報を投稿することが主たる機能です。
　これらは情報を発信するという意味ではひとつのメディアであり、ソーシャルメディアと言い換えることができます。同じ趣味、同じ嗜好、同じ商品を買った人、同じ商品を欲しがっている人など、コミュニティ上での情報交換は急増しています。
　国内では、mixi（ミクシィ）やGREE（グリー）といったSNSが1,000万人以上の利用者数を集めています。また、各種ポータルサイトが運営するブログの利用者も年々増加しています。mixiやGREEなどの大手SNSでは、サイト内に共通の趣味を持った人々のコミュニティが形成されており、コミュニティにおけるやり取りは無視できないボリュームになっているのです。

(2) 重要度を増す CGM の評判

　掲示板やSNS、コミュニティサイトでの評判は、同じ趣味を持つ人々の共通認識を形成していき、特定の商品やサービスの評価、購買行動、ひいては企業ブランドにまで大きな影響を与えるようになってきています。

　ブログでは、作者自身が体験したサービスや購入した商品の評価を積極的に公開し、それが「生の声」として閲覧者に適正な情報を与えます。ブログの公開件数は年々多くなっており、執筆内容への信頼度も上がっています。なかには、購買行動に大きな影響力を持つブロガー（ブログ執筆者）も見られます。

　企業が、影響力の高いブロガーに新商品を渡し、使用感を書いてもらうことをマーケティングの一環として取り組む例もあります。

(3) 無視できない口コミの影響力

　CGMにおける商品やサービスの評価で象徴的なものが「口コミ情報」です。大手ショッピングサイトを運営する「楽天」や、コンシューマー製品の価格比較サービスである「価格.com」では、商品ごとに掲示板が設置されています。「価格.com」では、注目度の高い商品に、1,000件以上の質問やコメントが寄せられることもあります。

　自分が買いたい商品の口コミは熱心に読み、商品の評判を購買行動に反映させるケースが増えています。商品を売る側にとって、口コミが営業上無視できない大きな影響力を持つようになっています。

(4) 注目浴びる SMO

　口コミ情報やコミュニティでの情報が消費者の購買行動に影響を与えるとすると、商品を売る側には、口コミや評判を書きやすくするための工夫が求められます。

ソーシャルメディアでの評判を高めることができればロイヤルティ（企業や商品への忠誠度）の高い顧客を確保することにつながるため、SMOが浸透し始めています。

　口コミを書くユーザが誤った情報を書き込まないよう、その手段を手助けしてあげることがSMOの目的です。

　具体的なSMOの事例としては、自社のWebサイトが閲覧されやすくするように、リンクのしやすさ・ブックマークのしやすさの改善、ソーシャルブックマークへのリンク設置、トラックバックリストの表示、などがあげられます。

(5) 手探りのSMO

　SMOの概念はまだ誕生したばかりです。多くの企業やサイト運営者は手探りの中でSMOを行っています。基本的な認識として、ソーシャルメディアが消費者の購買行動に大きな影響を与え始めていることは事実であり、この流れは加速するだろうということです。

　商品やサービスの売り手側に求められることは、適切な情報をWebサイトで提供すること、また誤った情報がソーシャルメディアに流れないよう、ユーザが何に疑問を持っているのかを正しく理解することなどです。

　故意に恣意的な情報を流すことは、企業としての立ち位置を誤らせてしまいます。インターネットが普及した現代において、「消費者」は商品の売り手からすると「買い手」であるばかりではなく、「メディアの作り手」「広告塔」にもなるわけです。消費者に適切な情報を提供して「広告塔」になってもらうしくみ作りは、今後本格的に普及していくことでしょう。

図 4-14　普及するブログメディア

ブログの利用方法（複数回答）[全体と性別・年代別]

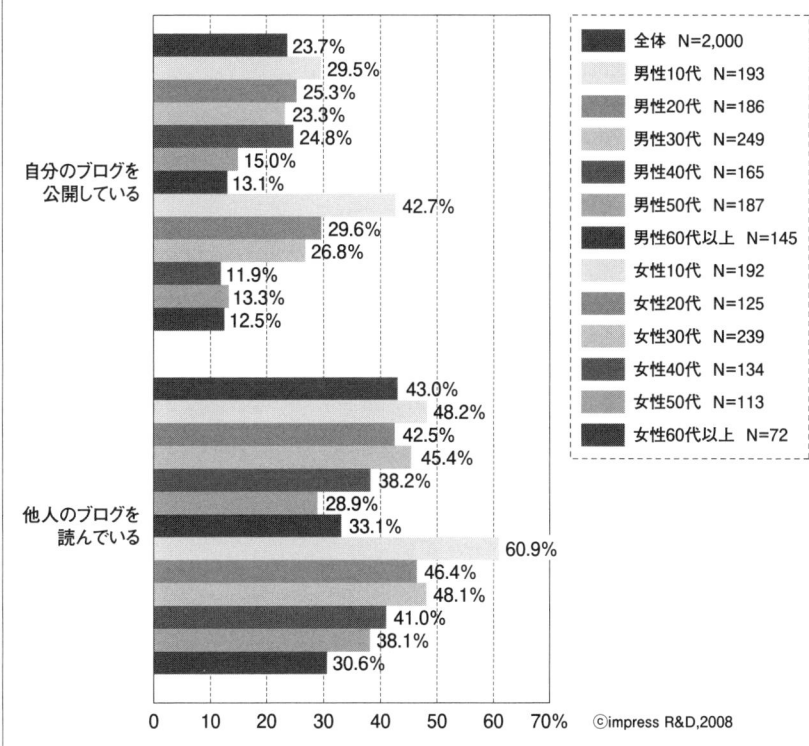

自分のブログを公開している
- 全体 N=2,000：23.7%
- 男性10代 N=193：29.5%
- 男性20代 N=186：25.3%
- 男性30代 N=249：23.3%
- 男性40代 N=165：24.8%
- 男性50代 N=187：15.0%
- 男性60代以上 N=145：13.1%
- 女性10代 N=192：42.7%
- 女性20代 N=125：29.6%
- 女性30代 N=239：26.8%
- 女性40代 N=134：11.9%
- 女性50代 N=113：13.3%
- 女性60代以上 N=72：12.5%

他人のブログを読んでいる
- 全体：43.0%
- 男性10代：48.2%
- 男性20代：42.5%
- 男性30代：45.4%
- 男性40代：38.2%
- 男性50代：28.9%
- 男性60代以上：33.1%
- 女性10代：60.9%
- 女性20代：46.4%
- 女性30代：48.1%
- 女性40代：41.0%
- 女性50代：38.1%
- 女性60代以上：30.6%

©impress R&D,2008
出典：「インターネット白書2008」

SMOの留意点

- URLリンクの貼り付けやすさ
- トラックバックの設定
- 商品紹介の充実

　→　ソーシャルメディア上で誤った情報を流させない

　⇓

自社ブランドや、サイト、商品への信頼感の醸成

section 13　プロモーションからコミュニケーションへ

ビジネスブログと中小企業

　ビジネスブログとは、企業のWebサイト内に設置された、企業としてのブログのことをいいます。

　通常ブログとは、ヤフー、goo、ライブドアなどが運営する大手ポータルサイトのブログサービスを指す場合が多く、それらは個人が個人のことを日記風に書くものです。

　それに対してビジネスブログとは、企業が企業活動や商品に関する情報、あるいはサービスに関する情報を、企業のWebサイト内においてブログ形式で配信することをいいます。

　企業がWebサイトで情報開示を行うにあたって、ビジネスブログには複数のメリットがあります。

(1)静的コンテンツから動的コンテンツへ

　これまで企業のWebサイトは、HTMLファイルによる静的コンテンツによって制作されたものがほとんどでした。Webサイトは専門の制作業者によって制作され、更新の頻度も低く、更新のたびに制作業者に依頼していました。

　これらの静的Webサイトは更新頻度、更新の内容、費用、SEOの面から見ても運営上好ましくないものが多く、企業としても動的Webサイトの導入が求められるようになりました。

　他方、コンシューマー市場ではブログやSNSなどのCGMが活況を呈しており、大手ポータルサイトのブログサービスは年々拡大の一途をたどっていきました。これらはSEOにも強く、タイムリーで低コストな

更新機能を持ちます。企業のWebサイトにもこのようなCGM型のソースを持つことが有効ではないかと考えられ、ビジネスブログが普及してきました。

(2) ビジネスブログのメリット

ビジネスブログは、通常CMS（コンテンツ管理システム）で生成されます。ビジネスブログの特徴をまとめると、以下のようになります。

①タイムリーな更新

一般的にビジネスブログは、企業の担当者が自分自身で更新を行います。編集作業は、大手ポータルサイトのブログと同等の難易度なので、一般的なメールソフトやワードプロセッサソフトが操作できる水準であれば更新ができます。誤った際にもすぐに修正ができます。商品やサービスの細かな情報も逐次更新でき、情報公開の即時性でメリットがあります。

②双方向化

ビジネスブログは、一般のブログと同じようにコメント機能やトラックバック機能を有しています。そのため、閲覧者からの反応を通じて顧客とのコミュニケーションができます。この機能を活用することで、自社にロイヤルティ（忠誠度）の高い顧客を増やすことができます。

③低コスト

これまでの静的Webサイトは、更新を制作会社に委託する場合がほとんどで、更新のたびに費用がかかるのが一般的でした。しかし、ビジネスブログであれば自社の社員が更新できるため、費用が内部コストだけになります。運営面での低コスト化もメリットのひとつです。

④SEOやRSSへの技術的対応

通常、ブログシステムにはアーカイブ機能が付いています。アーカイブ機能とは、投稿した記事を「月別」や「カテゴリ別」に整理する機能

のことで、サイトの閲覧性や記事の検索性を向上させます。これらはユーザにとってメリットがあるだけでなく、検索エンジンの巡回ロボットの巡回効率を上げるため、SEO上も良い影響を与えます。

さらに、RSS（更新情報の配信）を有しているブログであれば、ユーザに更新内容を配信することもでき、購読者からのアクセスアップが望めます。

(3) 普及期のビジネスブログ

「インターネット白書」によれば、企業サイトにおけるブログの開設率は、2007年は13%ですが、2008年には22.7%まで伸びています。企業のWebサイトを使った情報公開は重要度を増しているため、今後もビジネスブログの活用は拡大が続くと考えられます。

ビジネスブログの供給元は、大手CMSベンダーであるドリコムなどをはじめとして、中小規模のシステムベンダーや、個人事業主まで幅広い市場を形成しています。それだけに、導入するシステムや料金体系にもバリエーションがあります。

大手CMSベンダーのドリコムの場合には、簡易プランで導入費用が50万円からとなっており、場合によっては初期費用は無料で、月々のサポート費で運営できるベンダーもあります。

(4) ビジネスブログの今後

最近、ブログ型CMSを企業のWebサイトそのものに活用する事例も現れており、ビジネスブログと既存のWebサイトに垣根がなくなっています。使用されるシステムとしては、ブログ型CMSのムーバブルタイプ（Movabletype）が人気で、その他オープンソース型のCMSにも人気があります。

低価格のビジネスブログは、中小企業に恩恵をもたらします。素早い

情報の更新が低コストで実現できるようになれば、インターネット上では大企業と遜色ない集客力を発揮するサイトも現れるでしょう。

　ビジネスブログが持つ大きな可能性が、大企業と中小企業という垣根をなくしていきます。Webサイトが単なる情報提供手段から、顧客コミュニケーションの土台となる変化であり、その変化はすでに始まっています。

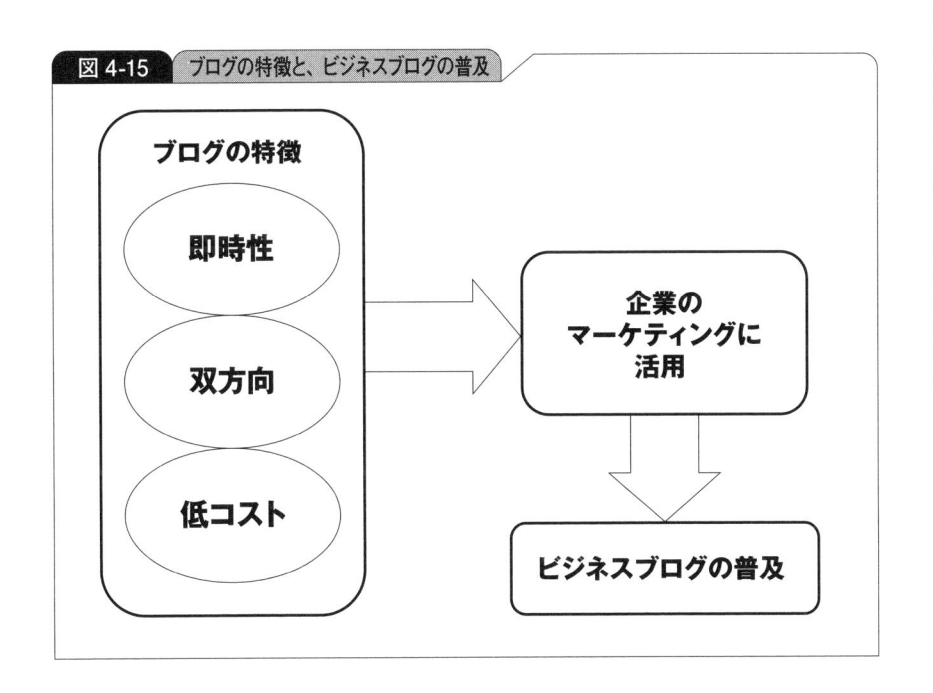

図 4-15　ブログの特徴と、ビジネスブログの普及

ブログの特徴
- 即時性
- 双方向
- 低コスト

→ 企業のマーケティングに活用 → ビジネスブログの普及

- section 1　検索エンジンとは
- section 2　ディレクトリ型検索エンジン
- section 3　全文検索型(クロール型)検索エンジン
- section 4　リスティング広告の活用
- section 5　SEO
- section 6　LPO
- section 7　コンテンツ連動広告

PART 5

サーチ・エンジン・
マーケティング

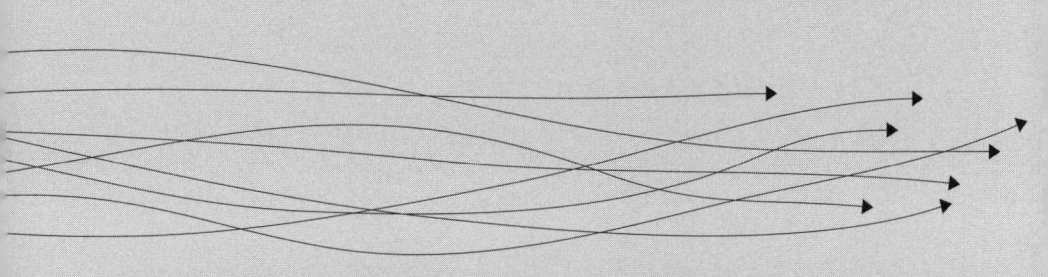

検索エンジンは
最強のマーケティング・ツールであり、
最も熾烈な戦場でもある

section 1　サーチ・エンジン・マーケティング

検索エンジンとは

　検索エンジンとは、インターネット上のWebサイト情報を収集し、情報を整理しているサイトのことです。世界中には膨大な数の個人、法人、団体などのWebサイトが存在しています。膨大な数のURLを一つひとつ記憶することは不可能なため、効率よく目的のWebサイトにたどりつけるようにしたのが検索エンジンです。

(1)ディレクトリ型と全文検索型の2タイプ
　検索エンジンには、ディレクトリ型検索エンジンとロボットによる全文検索型検索エンジンがあります。
①ディレクトリ型検索エンジン
　人間による判断でWebサイトをカテゴリ分類し、階層状に登録したものです。膨大なWebサイトを効率よく探し出すことができ、関連するサイト、類似サイトを見つけやすいという特徴があります。
②全文検索型検索エンジン
　Webサイトの中身をロボット（と呼ばれるソフトウェア）が自動巡回し、キーワードを整理しておくことで、ユーザのリクエストに関連しそうなサイトを表示する検索エンジンです。全文検索型なので、サイトのテーマから離れた内容についても情報を収集することができ、細かなキーワードによっても関連サイトを検索できます。
　ディレクトリ型と全文検索型の検索エンジンのそれぞれの特徴は、次section以降で紹介します。

(2) 検索エンジンの歴史
【インターネット黎明期】

　ディレクトリ型と全文検索型は、それぞれに歴史があります。米Yahoo!社は、インターネット黎明期に誕生したディレクトリ型エンジンの典型でした。Yahoo!では、社員がネットサーフィンを行ってURLとサイトの要約を階層構造に整理して、人気を博しました。Yahoo!以外にはAltavista、Lycos、Exciteなどがあり、これらはロボットの自動巡回による全文検索型でした。

【インターネット普及期以降】

　インターネット普及期以降は、Googleを中心とするロボットの自動巡回による全文検索型が主流となりました。Yahoo!も現在では、ディレクトリ型からロボットの自動巡回型に軸足を移しています。

　マイクロソフトもネット事業に注力し、LiveSearchを提供していますが、大きなシェアの獲得にはいたっていません。

(3) 検索エンジンの普及状況

　国内の検索エンジンの利用シェアは、Yahoo!とGoogleが人気を二分しています。ニールセンオンラインによると、2008年4月の日本国内における検索エンジン利用シェアは、Yahoo!が56%、Googleが31%、以下BIGLOBE、マイクロソフト、gooが2〜3%台で続きます。上位2社で市場の8割を制しています。

　Yahoo!はニュース、ショッピング、オークションなど、ポータルサイトとしての役割をふんだんにもっており、日本人にとっては馴染みやすいサイトといわれています。

　一方、Googleは、検索窓中心の味気ないデザインで、日本でのシェアはYahoo!に負けている状況です。

世界のシェアを見るとGoogleが43.7%、Yahoo!が28.8%、マイクロソフトが12.8%となっており、上位3社で85.3%を占めています。世界的にはGoogleがシェアのトップを走っていますが、全体的に見るとYahoo!がパソコン初心者に認知度・人気ともに高いのに対して、Googleは上級者に認知度・人気とも高い傾向があります。

(4) 広がる検索エンジンの使われ方

検索エンジンは、インターネット上のサイトとして利用するだけではありません。近年では、ブラウザ自体から検索機能が呼び出せるようになっており、ブラウザから直接検索するサービスとしても活用されています。ブラウザで使う標準の検索エンジンをどのサービスにするかはユーザが選べるようになっており、検索エンジンのシェア競争は熾烈を極めています。

検索機能もWebサイトにとどまりません。ニュース検索、ブログ検索、画像検索、動画検索、音楽ファイル検索と幅広いサービスを手がけるようになりました。サービスの広がりが、インターネット上のサービスの広がりを助長し、それらがさらにインターネットの利便性を向上させるという好循環を生み出しているのです。

いまでは実に66%のユーザが、ブラウザのスタートページを検索サイトにしているという調査結果があります。上級ユーザほど、複数の検索エンジンを使い分けることで目的のページを探すことを達成しています。

このように、検索エンジンの検索サービスを有効に活用することが、インターネットの利便性を享受する最も基本的なアプローチです。

図 5-01 国内の検索エンジンで最も利用の多いYahoo!Japan

(http://www.yahoo.co.jp)

図 5-02 全世界で最も利用されているGoogle（画面は日本のサイト）

(http://www.google.co.jp)

section 2　サーチ・エンジン・マーケティング

ディレクトリ型検索エンジン

　ディレクトリ型検索エンジンは、検索エンジンに蓄積されているWebサイトがカテゴリごとに階層構造になっている検索エンジンです。「エンターテインメント」「人文、芸術」「ビジネス」「経済」「コンピュータ」「自然科学」「社会科学」「スポーツ」など、Webサイトの内容にしたがってカテゴリを分類しています。各カテゴリには階層が付けられ、ユーザは階層をたどって目的のサイトに到達できます。

(1) ディレクトリ型検索エンジンのメリット・デメリット

　ディレクトリ型検索エンジンの最大の特徴は、人間の判断によってカテゴリ分類と階層分類がなされることです。すべてのWebサイトを誰かが主観的に判断し、カテゴリ分類を行います。そのため、関連するサイトがひとつのカテゴリ内に集合しています。

　これらの構造には、メリットとデメリットがあります。

　階層がわかれば関連するサイトを見つけやすいので、目的のサイトと同じようなサイトをすぐに発見できるというメリットがあります。人間がカテゴリを判断しているので、判断した人の主観で分類がなされます。カテゴリが階層状になっているので、上位概念や下位概念で幅広くサイトを発見することができます。総合的に見て、関連するサイトを探すのに有効なのがディレクトリ型検索エンジンです。

　デメリットとして、曖昧な定義に関するサイトを発見しにくい点があげられます。ひとつのサイトで複数のテーマを扱っているサイトでも、人間の主観によってひとつの階層に入ってしまい、結果的にこれがカテ

ゴリ分類を難しくしてしまう場合もあります。例えば、著名な芸能人が「株式投資」と「芸能界の裏話」を紹介しているサイトを開設した場合はどうでしょうか？

そのサイトが、「経済」「投資」「メディア」「エンターテインメント」のどのカテゴリに属するのかがわかりにくいということが起こりえます。

実際には、ディレクトリ型検索エンジンでは、これらのような曖昧なものに対応するために階層間でリンクを貼ったり、検索窓によるキーワード検索を併用するなどしてデメリットを補っています。

(2) インターネット黎明期の草分け、Yahoo!

ディレクトリ型検索エンジンの先駆けはYahoo!でした。1995年に米国で創業したジェリー・ヤン氏は、インターネット上に散らばった無数のWebサイトにたどりつくには、そのための電話帳のようなものが必要だと考えたのです。それがYahoo!という検索サイトでした。

創業当時のYahoo!では、社員がネットサーファーとして世界中のWebサイトを探索し、さらにリンクをたどって、膨大な量のWebサイトの情報をかき集め、手作業でインデックス化していました。間もなく日本でもソフトバンク出資の下、Yahoo! JAPANが立ち上がり、サービスを開始したのです。こうしてYahoo!は、名実ともに世界の検索エンジンサービスの草分け的存在となりました。

当時のYahoo!は、ディレクトリ型と全文検索型の併用をしており、検索結果の上位にはディレクトリ型の検索結果が、下位には全文検索型の結果が表示されるという特徴がありました。2000年～2004年の期間、Yahoo!の全文検索型のエンジンにはGoogleを採用していました。

言い換えれば、Yahoo!は純粋なディレクトリ型の検索エンジンを運営しており、全文検索型の検索エンジンは他社から提供を受けていたの

が実情だったのです。

　Yahoo!も2005年に自社の全文検索エンジン（Yahoo! Search Technology）を開発してからは、ディレクトリ型検索サービスを縮小し、検索結果にはロボット巡回型の結果を主体に切り替えています。

(3) 変化を遂げるディレクトリ型検索エンジン

　世界のディレクトリ型検索エンジンは、Google躍進の影に隠れてもはや目立たない存在となってしまいました。しかし、人間味のあるわかりやすい階層構造は、必要性が全くなくなったわけではありません。世界にはさまざまな形で、まだディレクトリ型検索エンジンが活躍しています。

　DMOZは、数少ないディレクトリ型検索エンジンとして有名です。DMOZはカテゴリごとに管理者をボランティアで公募し、その管理者がカテゴリ内のサイト管理を行うという方式をとっています。ディレクトリ型の最大のネックは管理に関わる人的負荷です。その人的負荷をボランティアの手に委ねてしまうことによって、永続的なサービスを築こうとしています。

(4) ディレクトリ型検索エンジン活用の提言

　上述のように、ディレクトリ型検索エンジンは人間らしい分類上のわかりやすさがある一方で、複数のテーマを持つサイトがどの分類にあるのかがわかりにくいといったデメリットがあります。メリット、デメリットを理解したうえで、次sectionで紹介する全文検索型検索エンジンと併用し、両者のデメリットを補うことが求められます。

図 5-03　典型的なディレクトリ型検索エンジンのDMOZ

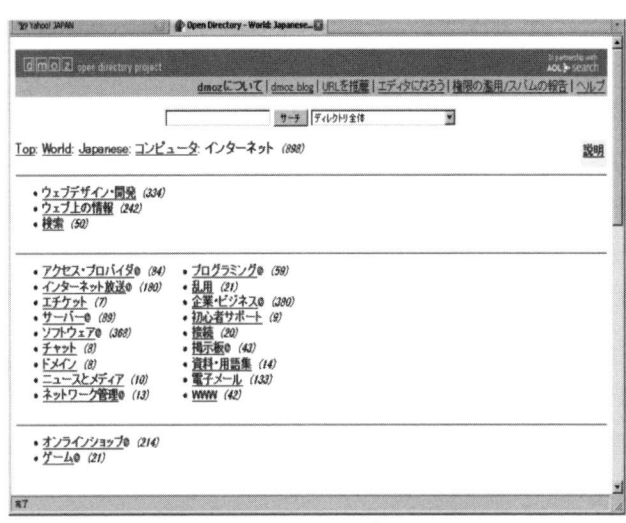

(http://www.dmoz.org/World/Japanese/)

図 5-04　DMOZで「インターネット」を検索した状態

ディレクトリ型でもキーワード検索を補助的に使っている

(http://www.dmoz.org/World/Japanese/)

PART 5　サーチ・エンジン・マーケティング

section 3　サーチ・エンジン・マーケティング

全文検索型（クロール型）検索エンジン

　全文検索型検索エンジンとは、Webサイトを自動巡回するロボットがその巡回したページの内容をすべて記録し、データベース化するタイプの検索エンジンです。主に、Google、マイクロソフトが採用しており、最近ではYahoo!も全文検索型の検索エンジンを主力にしています。

(1) 全文検索型検索エンジンの特徴
　全文検索型検索エンジンの最大の特徴は、その情報量です。世界中にある無数のWebサイトのリンクをすべてたどり、リンク先の全文を記録しています。ディレクトリ型では発見しにくい、サイトテーマと異なるマイナーな情報にもたどりつくことができるのが最大の特徴です。

　さらに、サイトの被リンク数（他のサイトからのリンク数）をコンピュータでカウントしているのも特徴です。被リンクの多いサイトはそれだけ人気があり、信頼されているサイトと考えられるため、多くの全文検索型検索エンジンでは被リンク数をもとにそのサイトの検索結果における表示順位を決めているのです。

(2) 全文検索型検索エンジンの歴史
　1997年に登場したGoogleは、全文検索型検索エンジンの草分けでした。他にも、AltaVistaやExcite、Lycosなど米国のエンジンが多く存在しましたが、現在はGoogleのシェアが6割程度となり、最大のシェアを誇っています。2008年には中国の全文検索型検索エンジン、百度（バイドゥ）も日本に上陸し、検索エンジンのシェア競争は続いています。

2009年現在、日本の著作権法では、他者が制作したサイト内容をコピーし保存することは違法と判断されており、国内の全文検索型検索エンジンはサーバを米国に設置するなどして、法的な問題を回避している状況です。

　しかし、2010年の改正著作権法施行によって、検索エンジンがサイト内容をコピーし保存することが認められる見込みです。

(3) 全文検索型検索エンジンのメリット

　全文検索型検索エンジンは、各サイトの持つ多様な情報をすべてデータベース化しており、ディレクトリ型と比較して、次の3つのメリットがあります。

①迅速性

　ロボットによる自動巡回のため、サイト更新の検索結果への反映における迅速性が高いのが特徴です。CGM（ブログ、掲示板など）では日々内容が更新されています。CGMに限らず、世界中には日々無数のWebサイトが誕生しているため、人手で登録するタイプの検索エンジンでは情報の更新スピードに大きな差が出てしまいます。

②ロングテール

　昨今のWebサイトでは、ブログなど日々の出来事や細かな情報を記載するサイトが増えています。このようなCGM系サイトでは、ディレクトリ型検索エンジンの場合、ひとつのサイトについてひとつのカテゴリ分類にしか属せないため、マイナーな情報が埋もれてしまいやすいのです。全文検索型検索エンジンであれば、マイナーな情報（ロングテール情報）にも検索結果が到達しやすく、膨大な量の情報を収集することができます。

③被リンク情報

　全文検索型検索エンジンは、ロボットによる自動巡回のため、被リンクによるサイトの価値が判定しやすいという特徴があります。一般的に、被リンクを多く集めるサイトは、多くの人によって価値が認められているサイトです。被リンクの数を検索順位に反映することで、ディレクトリ型の持つ主観性を排除した、公平な視点での検索結果を表示することができるのです。

(4) 全文検索型検索エンジンのデメリット
①スパム行為への対応

　被リンクや独自のアルゴリズムは、一方ではスパム行為を生み出すことにもなります。スパム行為とは、クローラーといわれる巡回ロボットを欺くことで、不正に自サイトの表示順位を上げるような行為をいいます。

　現在では、スパム行為への対策精度も向上し、全文検索型検索エンジンの弱点を克服しつつあります。

②おもしろみのないサイトが上位に来る

　全文検索型検索エンジンの場合、SEOを強化したWebサイトであれば、内容に関係なく自然と検索結果が上位にくることもあります。ディレクトリ型検索エンジンが登録者の主観に基づいて純粋におもしろいサイトを上位表示できるとすれば、全文検索型検索エンジンはそのようなランクづけを行うことができないという弱点があります。

(5) 主要検索サイトはすべて全文検索型に

　Yahoo!も2006年にYST（Yahoo! Search Technology）という全文検索型検索エンジンを開発し、上位3社（Google、Yahoo!、MSN）のす

べてが全文検索型検索エンジンとなりました。

　各社が検索エンジンの技術に磨きをかけ、シェア争いに躍起になるのは、後に紹介する「検索エンジン連動広告」の収益性の高さにあります。Googleは、検索キーワードに連動する広告で売上の8割を上げています。スイッチングコストが低いインターネット上のサービスでは、より多くのシェアをもつ検索エンジンに広告出稿が集中し、最終的にはトップサービスの収益性とシェアがさらに高まるというスパイラルを生み出します。今後も、各社の技術力とサービスの広がりからは目が離せません。

　現在、各社とも単純な全文検索型だけではなく、画像検索やブログ検索、ニュース検索など多様なサービスを展開しています。利用するユーザは、各社のサービスの特徴を知って検索を行うとよいでしょう。

図5-05　全文検索型（クロール型）検索エンジン

Googleの画像検索で、「インターネット」を検索した検索結果の画面
文字列の検索だけではなく、多様な検索システムをそろえている

（http://images.google.co.jp/）

PART 5　サーチ・エンジン・マーケティング

section 4　サーチ・エンジン・マーケティング

リスティング広告の活用

　リスティング広告とは、検索エンジンにおいて検索したキーワードに関連する広告を表示する「検索キーワード連動広告」のことです。

　検索キーワードには、ユーザの知りたい内容が表れるのが一般的ですが、同時にそれは、ユーザの「欲しいもの」である可能性が高いのです。検索したキーワードが「ゴルフクラブ」であれば、その人はゴルフクラブについて調べたいだけでなく、ゴルフクラブが欲しい人とも重なります。すなわち、検索キーワードはマーケティングでいう「見込み客」を集めるのに非常に有効なツールです。

　リスティング広告はその特性を利用し、ユーザが検索したキーワードに関連する広告を表示させることで、商品やサービスの売り手と買い手を結びつけています。それ以上に、いまや既存メディアにおける広告とは異なる、広告における革命的な変化を起こしていることも事実です。

(1) リスティング広告の歴史

　1998年にアメリカで誕生したGoTo.comというサービスが、検索キーワード連動広告の先駆けといわれています。同様のサービスは大手検索ポータルサイトに買収され、現在はGoogleが運営するアドワーズと、Yahoo!が運営するオーバーチュア(旧GoTo.com)の2社が大きなシェアを占めています。

　栄枯盛衰の激しいインターネット業界で、数少ない勝ち組といわれるGoogleの最大の収入源が、リスティング広告です。なぜこのような大きな収入源となったのかを、複数の観点で紹介します。

図 5-06　リスティング広告の利用状況

全体ではアドワーズが最もシェアを持つが、
小規模企業ではオーバーチュアの比率が高まる

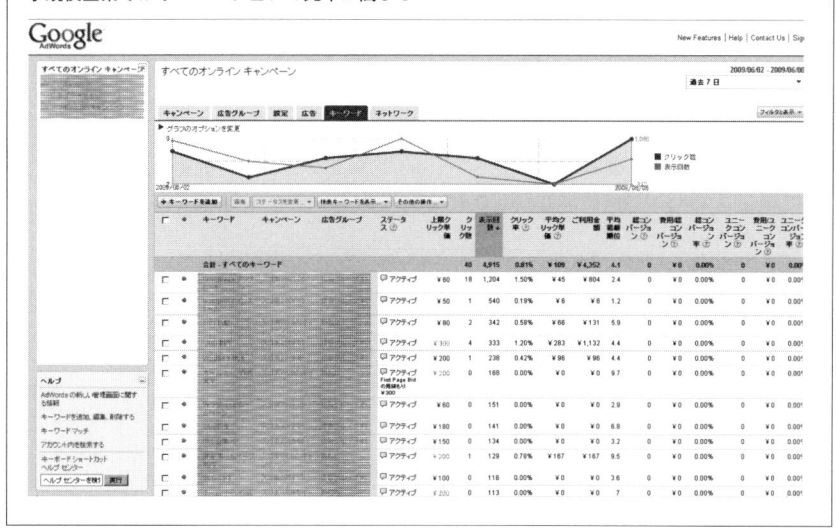

図 5-07　リスティング広告とTV広告の違い

	TV広告	リスティング広告
媒体	TV番組	検索エンジン
ターゲット	マス	対象キーワード検索者
コスト	高コスト	低コスト
コンバージョン	測定不可	測定可

(2) オークション形式で決まる広告費

　リスティング広告は、キーワード検索が行われた際に、そのキーワードに関連する広告を数十件表示します。表示される広告は上位であるほどクリックされる確率が高いため、広告主は少しでも上位に表示させたいと希望します。広告順位は、基本的に広告費のオークション価格で決まります。出稿する広告主がクリック単価を入札し、金額の高い順に表示させるのです。広告主側のオークション形態がリスティング広告の最大の特徴です。

　保険、エステなど成約時の客単価が高いキーワードは上位表示が激戦となり、高いときには1,000円以上のクリック単価を払って上位に表示させることがあります。

(3) ロングテールを実現する大量低コスト広告

　一方、広告主は広告キーワードをひとつに絞ることなく、あらゆるキーワードで広告を出すことができます。Googleのアドワーズの場合、最低広告価格は1円から設定することができ、月間の上限金額も設定できます。

　そのため、低コストの広告費でマイナーなキーワードに対して広告出稿を行い、ロングテール市場を開拓することができます。

(4) 定量的なコンバージョン管理

　既存メディアのテレビ、ラジオ、雑誌、新聞などの広告は、成果がわかりにくいことが最大の問題でした。広告を見た人がどれだけ購入に結びついたのかが正確に計れなかったのです。リスティング広告の場合は、広告をクリックしたユーザの何％が購買に結びついたかが、システムで集計できるしくみになっています。広告コピーや出稿キーワードごとに成約率を計測することができるため、広告に対する費用対効果をしっ

かりと把握できます。

(5) 革命的な広告モデル

　ここで紹介した「広告費のオークション」「ロングテールの低コスト広告」「定量的なコンバージョン管理」の3つが、既存のメディア広告にはない、革命的な広告モデルを築き上げたのです。これら魅力的なシステムが、多くの広告を既存メディアから奪い取り、GoogleやYahoo!の業績を急速に伸ばす結果となったのです。

(6) 活用の提言

　Googleのアドワーズを例にとると、広告の最低出稿金額は1円からと、圧倒的に低コストになっています。これにより、通常であれば他の広告メディアでは出稿できないような小規模な広告でも出稿できるのが最大のメリットです。

　ロングテールといわれる、極小規模市場でも広告が出稿できるため、これまで広告を出すことをためらっていた中小規模の事業者にとっても、広告による事業拡大が見込め、メリットを最大限に受けることができるのです。

　リスティング広告は、既存メディアの広告との補完性が高いことも特徴です。マス広告から自社サイトへの誘導手段としてリスティング広告を使う事例も増えています。今後は、メディアミックスを活かした広告戦略が求められていきます。

section 5　サーチ・エンジン・マーケティング

SEO

　SEOとはSearch Engine Optimization（検索エンジン最適化）の略で、広い意味で、SEM（検索エンジンマーケティング）のひとつです。昨今のインターネットでは、ユーザがWebサイトを探す際に、検索エンジンを利用することが多くなりました。検索エンジンで上位に表示されることが、自サイトへのアクセス数をアップさせるため、このような手法が登場したのです。それがSEOと呼ばれる技術です。

(1) 重要度を増す検索エンジン対策
　近年の検索エンジン利用のトップ3を占めるGoogle、Yahoo!、MSN（LiveSearch）は、すべてロボットによる自動巡回での全文検索型が主流です。全文検索型検索エンジンは、独自のアルゴリズムによって検索結果を順位づけします。
　例えば、Googleで「ゴルフ場」というキーワードを検索した場合、500万件以上の検索結果が得られますが、Googleはそのすべてを独自基準で順位づけして検索結果を表示しています。しかし、Googleはその独自基準の内容を一切公開していないのです。
　ある調査によると、検索エンジンで検索した結果について、閲覧者の60％が、上位3サイトのいずれかをクリックするといわれています。サイトに多くのユーザを呼び寄せたいサイト運営者は、検索結果で上位に表示されるようにWebサイトの内容を調整することが求められるようになってきました。
　サイト運営者にしてみれば、検索エンジンで少なくとも上位10件に

ランクインするかどうかが、自サイトへのアクセスを増やすための重要な目安となっているのです。

(2) SEOの具体例

　一概にSEOといっても、具体的にはさまざまな対策があります。例えば、Webサイトにはページごとに「タイトルタグ」をつけます。HTML言語で記述するこの「タイトルタグ」に入っているキーワードは、検索結果で上位に表示されやすいのです。自社がゴルフ場の運営サイトであれば、タイトルに「ゴルフ場」と入れておくと、検索結果で上位に表示されやすくなります。知り合いのサイトに依頼し、相互リンクを貼ってもらうことも重要なSEO対策です。前述の全文検索型検索エンジンの特徴は、被リンクの多いサイトを重視しますので、相互リンクを貼ったサイトは上位に表示される確率が高まります。

　このように、地道な作業で行う簡単なチューニングもSEOのひとつですし、高度な技術を活用したSEOもあります。

(3) SEOのメリット・デメリット

　以上のように、SEO対策は比較的簡単に効果が出るものから、技術的難易度の高いものまでさまざまです。次に、SEO自体のメリット、デメリットについて紹介します。

①メリット

　SEO対策には簡単なものも多くあります。書店に行けば、SEO対策の書籍は1,000円未満のものからあります。簡単な調整によって検索結果が上がる場合もあります。

　結果的に、リスティング広告（検索キーワード連動広告）に出稿するよりもはるかに安価にアクセス数の向上につなげることもできます。検索順位の上昇は、サイト運営者がよりよいWebサイトを作っていくた

めの好循環を生み出します。

②デメリット

　SEOのデメリットは、競合の多いキーワードの場合です。自動車、保険など、商品の単価が高いサイトでは簡単にはSEO効果は得られません。これらは「競合が多い」キーワードといわれ、専門のSEO業者に対策を依頼し、場合によってはWebサイト自体を作り直すことが求められます。

　競合を少なくするために、「保険」ならば、「傷害保険」「自動車保険」といったキーワードに変えてWebサイトのアクセス戦略を考えることも必要です。

　SEO対策は、検索エンジンの結果に反映されるまでにタイムラグがあります。通常、Googleのデータベースは1ヵ月程度で更新されるため、実際に検索結果で順位が上がるには時間がかかる場合が多いのです。短期間で結果を得たい場合には、SEOの優先順位は下がってしまいます。

(4) SEOの普及状況

　現在、日本でもSEO対策を事業として株式上場している企業があります。それはサイトを運営する企業側がSEO効果を認めている証拠でもあり、多くの金額を投入している結果でもあります。

　制作会社にとっても、SEOは大きな技術的ポイントとしてWebサイトに盛り込まれるようになっています。これまではデザインさえよければいいという依頼企業の要望も、現在ではSEOに強いことが必須要件になってきています。

(5) SEO活用の提言

　以上のような特徴を踏まえると、短期的に検索結果における上位表示効果をあげたい場合には、リスティング広告との併用が効果的です。過

剰なSEO対策は検索順位の低下を招くこともあるため、必要に応じて専門の業者に相談することも大切です。

一方で、競合の少ないロングテールのニッチなキーワードであれば、SEO対策を行い、「果報は寝て待て」の心境でも問題ありません。それでも不十分な場合には、リスティング広告との併用や、SEOの専門業者に委託するのがよいでしょう。

各対策やサービスの特徴を押さえて、複合的にサイトの魅力をアップするのが現代のWeb活用の真髄です。

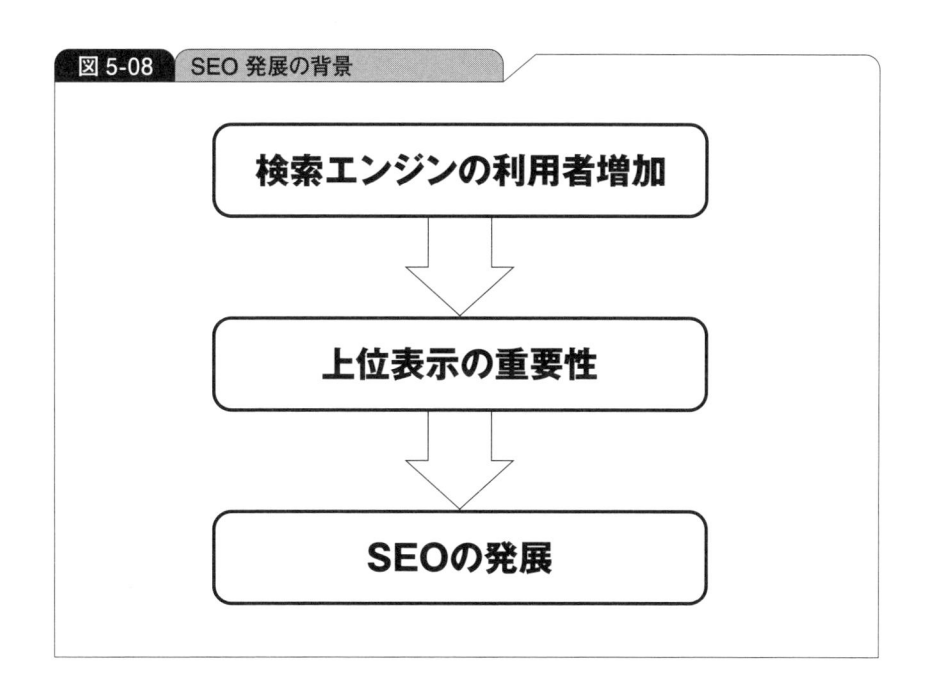

図 5-08　SEO 発展の背景

検索エンジンの利用者増加
↓
上位表示の重要性
↓
SEOの発展

section 6　サーチ・エンジン・マーケティング

LPO

　LPOとは、Landing Page Optimization（着地ページ最適化）の略です。SEMの用語では「到達ページ最適化」といい、Webサイトを閲覧しているユーザが、広告やリンクをクリックして自サイトへ来た際に、最初に見せるページを個別に最適化してWebサイトでのマーケティングの効率化を狙うものです。

(1)アクセスと広告効果の関係性
　現在のインターネットにおける広告は、その成果を明確な数値で管理するのが主流となりました。既存のマスメディアであるTV、ラジオ、雑誌、新聞では、広告を見たユーザがどれほどの購買に結びついたかという成果を計りにくい環境にありました。

　インターネット広告においては、Googleのアドワーズをはじめとして、アクセス解析を効果的に使うことによって、広告をクリックしたユーザが実際に購買に結びついたか、資料請求や問い合わせをしたかという「成果」を正確に計測できるようになりました。

　広告主は、成約率（コンバージョンレートといいます）を上昇させるために、あらゆる施策をとるようになってきました。

　インターネット広告は、クリックしたユーザのすべてが実際の購入や問い合わせにいたるわけではありません。何割ものユーザは成約にいたらず、途中で離脱してしまいます。アクセス解析を行うと、ユーザがどの段階で離脱するのかが明確にわかるのです。言い換えると、購入プロセスの一つひとつを捉え、各ページを改善していくことで、広告から購

入にいたる成約率を上げることができるわけです。その結果として注目されてきたのが、LPOなのです。

　例えば、バナー広告やリスティング広告において、広告がクリックされたときに到達するページが、目的の商品の紹介をしているページであれば、それだけ成約率の上昇につながりやすくなります。

　逆に、広告をクリックしても、ショッピングサイトのトップページが表示されるだけでは、そこから購買にいたるステップが長くなり、成約率は低くなってしまいがちです。

　このように、広告のクリック後の到達ページ（Landing Page）が最適化（Optimization）されているかが重要であり、それがLPOという概念なのです。

(2) LPOのメリット

　昨今では、インターネットを使うユーザのスキルが上がり、商品を購入する際にも、いくつものWebサイトを比較して検討するようになりました。リスティング広告を出しているだけでは、売上の向上には直接結びつきにくくなっているのです。そこで、広告から着地するページで顧客の琴線に訴えかけるようなページを作成し、それによって成約率を上げられれば、広告の費用対効果を高くすることができるのです。これがLPOの最大のメリットです。

(3) 運営コストとのトレードオフ

　LPOを行うことによって成約率を高めることができ、収益性が向上するイメージは理解いただけたと思います。しかし、あなたがWebサイトの運営者で、いくつもの商品を売らなければならない場合、どのようなことが予想されるでしょうか？　膨大な検索キーワード連動広告を管理するだけでも大変なのに、さらに着地ページをそれぞれに用意しな

ければなりません。商品が多く、競合が激しければ、それだけ用意する到達ページも多く複雑になり、管理が膨大になっていきます。

LPOを実施するうえでは、成約率の向上による収益率のアップとともに、管理コストが目に見えない形で大きくのしかかってきます。LPOによる成約率の向上効果と、管理コストの増大というバランスをとってトータルで収益率を上げることが求められています。

(4) LPOの事例

現在のLPOでは、どのような形態が普及しているのかを紹介します。

商品数が少なく、顧客単価が高い業種では、LPOはかなり普及しています。金融商品、証券会社の入会、保険、高価な耐久消費財、エステ、視力回復治療など、顧客単価や顧客生涯価値が高い業種では、LPOをしっかりと実施している例が多く見受けられます。

一方、オンライン書店、CD販売、パソコン部品など、商品数が非常に多く、客単価の低いショッピングサイトでは、LPOといっても特別なページを用意する例はほとんどありません。

こういったケースでは、商品名ごとにリスティング広告を展開し、該当する商品のページにリンクするだけといった使われ方が多いのです。

広告とLPOは、すべて合算して費用対効果を測り運営しているのが実情です。実際、オンライン書店で書籍ごとに特設ページを作っていては時間がかかってしまい、内部コストが広告効果を上回って赤字になってしまいます。そんなときにはできること（最低限のリンク）だけを行い、的確な広告効果を狙っているのです。

(5) 複雑さ増すインターネット広告の運用

インターネット広告の運用は、技術の進化とともにさらに発展を続けています。例えば、複数の到達ページをランダムに表示させることで、

少しでも成約率の向上を狙うマーケティング手法も存在します。商品Aの広告に対して、A1、A2という内容の異なる2つのランディングページを用意し、それをランダムに表示させるのです。

そうすると、A1を見たユーザと、A2を見たユーザのどちらが成約率が高いかを比較することができます。マーケティングは仮説検証プロセスといわれますが、インターネット上の広告では、定量的にその実証をすることができるのです。

(6) 費用対効果を意識し、適切なバランスを

これまで見てきたように、LPOの実践にはメリットとデメリットが共存します。マーケティングをする側には、あくまでも費用対効果を主眼に実施することが求められます。インターネットの広告業界はまだ変化が続きますから、積極的な情報収集が重要です。

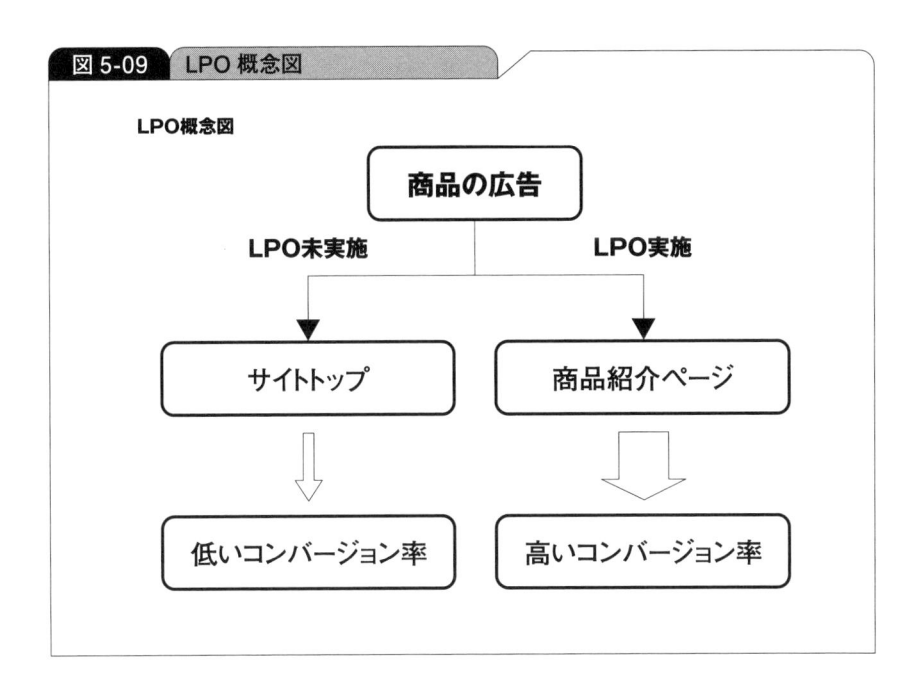

図 5-09 LPO 概念図

LPO概念図

商品の広告
- LPO未実施 → サイトトップ → 低いコンバージョン率
- LPO実施 → 商品紹介ページ → 高いコンバージョン率

section 7　サーチ・エンジン・マーケティング

コンテンツ連動広告

　コンテンツ連動広告とは、Webサイトの内容に合わせて、その中に埋め込まれる広告のことです。文脈やコンテンツの中身を解析し、コンテンツの内容にあった広告を表示することで広告効果を高めます。広告料金を広告掲載サイトの運営者に還元するのが特徴です。

(1) 現金化の道が開けた無料Webサイト

　コンテンツ連動広告もリスティング広告同様に、革命的な広告手段のひとつであるといわれています。現在、インターネット上にあふれる無数のWebサイトは、ほとんどが無料で閲覧できるものです。

　中には会員制をとり、有料会員の利用料によって運営費をまかなっているものもありますが、それはごく一部のサイトにとどまります。企業サイトをはじめ、個人のブログや掲示板などCGM関連は、ほとんどが無料で閲覧できるようになっています。

　無料で閲覧できることは、逆の運営者側から見ると、Webサイトは無償でコンテンツを提供する場となってしまっているわけです。これまでのWebサイトは、全くといってよいほどコンテンツで収入を得る手段を持っていませんでした。よほど質の高い情報を提供しない限り、Webサイトの内容だけで料金を徴収することは難しかったのです。

　しかし、コンテンツ連動広告は、これまで無料のWebサイトから現金を生み出すための扉を開いたのです。通常、コンテンツ連動広告は、広告主が支払う料金をサイト運営者側に還元します。

　それによって、魅力的なWebサイトの運営者は、アクセスを集める

ことで広告収入を得るための道が開けたのです。無償サイトから広告収入を生み出す手段ができたことが、コンテンツ連動広告が革命的といわれる理由です。

(2) 広告収入が CGM の裾野を広げる

　コンテンツ連動広告によって最も恩恵を受けるのは、個人サイトの運営者です。ブログやSNS、掲示板の運営者は、自サイトにコンテンツ連動広告を設置することによって、広告収入を得られるようになります。サイトから収入が得られることは、アクセス数を集められる質の高い情報をWebサイトに掲載しようというインセンティブが働きます。質の高い情報が増えることで、インターネットの情報価値がさらに高まるという好循環を生み出します。

　Webサイトの中には、専門家顔負けの情報を公開しているサイトも数多くあります。コンピュータプログラミング関連の技術的コンテンツは、書籍と同じレベルのサイトもあります。価値の高いコンテンツで広告収入を得られれば、サイト運営者も質の高いコンテンツを提供するように傾くことは間違いありません。

(3) 他社を圧倒する Google の地位

　コンテンツ連動広告においても、業界の王者として君臨するのがGoogleです。Googleが運営するコンテンツ連動広告の「アドセンス」は、無数のWebサイトへ広告配信を行っています。

　Googleは自社が持つ高性能な検索技術と、ページ解析技術で適切なコンテンツ配信を行っているのです。Webサイトの文脈を解析し、ページごとに最適な広告を配信します。ランダムな広告を配信するよりも、ずっと効果的な広告が配信できます。

　コンテンツ連動広告は、膨大な情報処理量が必要となります。世界中

でWebサイトへのアクセスがあるたびに、サーバが適切な広告をピックアップし、瞬時にWebサイト上に表示するわけですから、サーバでの分散処理に高度な技術をもっていないと、コンテンツ連動広告は配信できません。

コンテンツ連動広告におけるGoogleの地位は、Googleがコンピューティング技術においても圧倒的な優位性を持っている証拠でもあるのです。

(4)アフィリエイトとコンテンツ連動広告の使い分け

コンテンツ連動広告と合わせて想起されるのが、アフィリエイト広告です。アフィリエイトは特定の商品を紹介する記事を作り、その記事を経由した成約件数に応じて報酬が決まる広告手法です。

サイト運営者の間では、純然たる広告収入を狙ってサイト運営している場合はアフィリエイト広告を選ぶ傾向があり、あくまでも補助的な収入が欲しいサイト運営者は、コンテンツ連動広告を選択するという使い分けがあります。

(5)企業サイトでの利用上の注意

企業サイトでは、一般的に他社の広告が自社サイト内に入ることを嫌い、コンテンツ連動広告は導入しません。中には、自社サイトの運営費を少しでもまかないたいと考えてコンテンツ連動広告を導入していることもありますが、それらは一部の中小企業にとどまります。

ここまでに見てきたように、コンテンツ連動広告は文脈に応じて配信する広告を選ぶわけですから、コンテンツ連動広告を表示すれば必然的に競合他社の広告が入ってくることもあるのです。

例えば、NECのパソコンのWebサイト内に、富士通のパソコンの広告が入っていたとしたら、企業サイトとしての信頼性を疑われてしまい

ます。

(6) 変化を続けるインターネット広告

このように、コンテンツ連動広告は企業サイトには向きませんが、今後の技術動向によっては流れが変わってくるかもしれません。最近では動画広告なども考案されており、変化の流れはまだまだ続きそうです。サイト運営者は、リスティング広告、コンテンツ連動広告と合わせて、インターネット広告の動向からは目が離せません。間違いなくいえることは、インターネット広告は、出す側にせよ、見せる側にせよ、使い方によって自サイトの価値を大きく向上させる可能性を持っているということです。

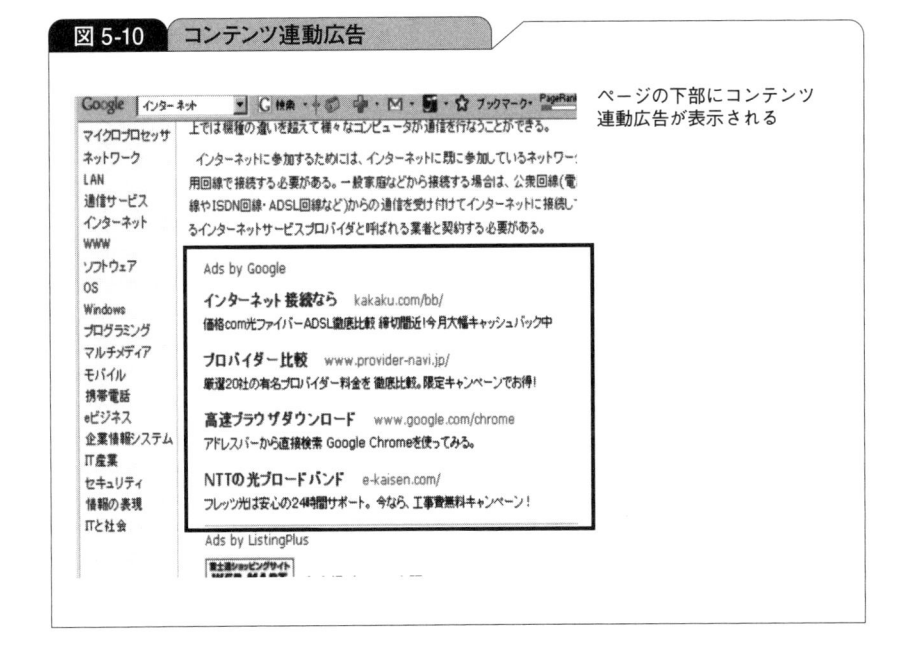

図 5-10　コンテンツ連動広告

ページの下部にコンテンツ連動広告が表示される

section 1　アクセス解析の普及と活用
section 2　ページビュー(PV)と滞在時間
section 3　RSS広告
section 4　既存メディアとの連携

PART 6

インターネット・マーケティングの潮流

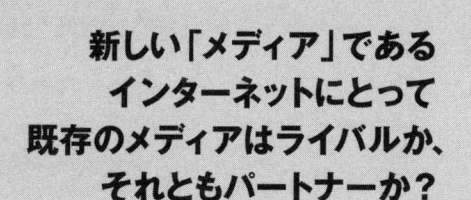

新しい「メディア」である
インターネットにとって
既存のメディアはライバルか、
それともパートナーか？

section 1　インターネット・マーケティングの潮流

アクセス解析の普及と活用

　アクセス解析とは、Webサイトの利用状況を分析し、定量的に表示する技術です。例えば、何人の人がWebサイトを見たのかがすぐにわかります。

　Webサイトの運営者は、アクセス解析の内容をもとにユーザの嗜好を知ることで、魅力あるコンテンツ作りができます。

(1) アクセス解析の普及

　近年、Webサイトの運営は複雑化しています。これまでのsectionで述べたように、LPO、リスティング広告、コンテンツ連動広告など、サイトに流入するユーザはさまざまなサイトからアクセスします。

　さらに、Webサイト上での行動を的確に捉えて、マーケティングや企業活動に活かすことが求められるようになりました。アクセス解析はWebサイトを閲覧したユーザの行動を分析して、サイトの効率的運営のみならず、売上の増加、企業価値の増加にまで軸足を伸ばすツールです。

　インターネット普及期のアクセス解析では、サイトを閲覧したページビュー数を見る程度の機能しかありませんでした。サイト運営者は、自サイトがどれほど閲覧されているのかを知り、ひたすらその数を伸ばすことが命題となっていました。

　商用サイトであれば、最終的な目的はページビューの増加ではなく、ユーザが自サイトで販売しているものを買ってくれたり、あるいは問い合わせをしてくれることが重要です。成約率を向上させることが、アク

セス数の絶対量とともに重要なことが認識されるようになりました。

(2)アクセス解析のメリットとデメリット

　アクセス解析は、このような問題をどのように解決してくれるのでしょうか。アクセス解析のメリットとデメリットを見ていきましょう。

　アクセス解析は、Webサイトの閲覧情報を定量的に分析できるという特徴があります。漠然と「人気のあるサイト」とか「よく見られているサイト」という感覚ではなく、定量的に「何人が見た」とか「何ページ見られた」という観点でサイトの評価ができます。

　下記は、アクセス解析で計測できる主なデータです。

①ユーザの遷移
・訪れたユーザがどのサイトから来たのか
・検索エンジンから来たときのキーワードは何なのか
・使われた検索エンジンは何なのか
・はじめにどのページに着地したのか
・どのページで離脱して他のサイトに移ったのか

②ユーザの情報
・閲覧した国や地域はどこからか
・利用したOSやブラウザの種類は何か
・画面の解像度はどれくらいか

　アクセス解析は、このような情報を収集して表示してくれます。これによって、Webサイトの運営者は閲覧者の状態をくまなく知ることができ、魅力あるコンテンツを作れるようになります。

　例えば、閲覧者が検索エンジンから、どのようなキーワードで、自社サイトのどのページに着地したのかがわかります。すると、自社内のどんなコンテンツが閲覧者を集めるのに有効だったかがわかります。キー

ワードがわかれば、閲覧者が何に興味を持ってサイトを訪れたかがわかるため、サイトのコンテンツを魅力あるものにしやすいのです。

　一方、アクセス解析のデメリットとは何でしょうか。アクセス解析とは、あくまでもユーザの動向を「定量的」に集計するためのツールです。そのため、本質的にサイトの中身の価値と直結するわけではありません。アクセス解析のデータだけに依存したサイトの分析は、本質的なサービスの中身の判断を誤る可能性があります。

(3) Google Analyticsの普及

　現在、アクセス解析で最もシェアを持つのはGoogleのサービスです。Googleは、Google Analyticsという無料のアクセス解析サービスを提供しています。Google Analyticsは高度な分析機能に加えて、Googleの広告システムなどと連携しており、さまざまなマーケティングにも活用できるようになっています。

(4) アクセス解析の活用法

　アクセス解析はWebサイトの閲覧者の情報を「定量的に」、そして「客観的に」分析する最も有効なツールです。日々のサイト運営の中で、このような客観情報を重視してサイトの魅力を高めていく必要があります。

　同時に、アクセス解析には表れない定性的で主観的な情報、つまり本質的にそのサイトが魅力あるものかどうかということを合わせて考えていけば、将来的にWebサイトが大きな価値を生み出すことになるでしょう。

図 6-01　アクセス解析の利用方法

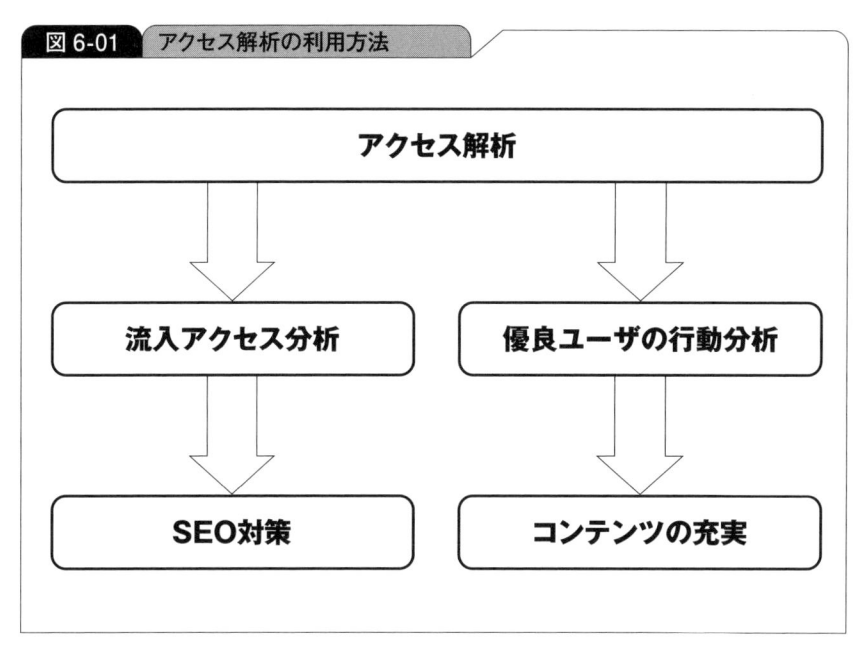

アクセス解析
├─→ 流入アクセス分析 → SEO対策
└─→ 優良ユーザの行動分析 → コンテンツの充実

図 6-02　Google Analytics の管理画面

アクセス状況がさまざまな観点で把握・分析できる

section 2　インターネット・マーケティングの潮流

ページビュー（PV）と滞在時間

　「ページビュー」（PV）とは、Webサイトを閲覧した際の延べ閲覧ページ数です。Webサイトを訪れたユーザが、サイトの中をどれだけ巡回したかを知るための指標です。「滞在時間」とは、Webサイトを訪れたユーザが、Webサイトにたどりついてから、他のサイトに離脱するまでの時間を表します。

　ページビューと滞在時間は、ネット上でどれだけの時間を費やしたかという代表的な指標です。

(1) メディアとしての Web サイト

　インターネット上のWebサイトは、ひとつのメディアと捉えることができます。テレビ、ラジオ、新聞といった既存メディアと同じように、インターネットも、その情報に接している量や時間を計測するのは、メディアとしての重要なガイドラインになります。

　テレビは視聴率、ラジオは聴取率、新聞は発行部数といったように、メディアは常にその情報がどれだけの人に届けられたかということを一番意識しています。

　同じようにWebサイトの運営者は、ページビューと滞在時間を意識するようになりました。そして、アクセス解析技術の進化とともに、インターネットの利用は多面的に解析できるようになりました。しかし、いまなおWebサイトのメディアとしての最も重要な指標は、ページビューと滞在時間をおいて他にありません。

　同じ情報を公開するのなら、多くの人が閲覧してくれる情報に価値が

あると考えるのが一般的です。ページビューの多さや滞在時間の長さは、そのWebサイトを通じて閲覧者にモノを売る、あるいはサービスを提供するという意味で重要な基本要素になります。メディアとして重要であることは同時に、ビジネスを行ううえでも重要です。

(2) 量と質を結びつける指標

　ページビューと滞在時間が、インターネットにおけるビジネスに密接に関わってくることを、少し掘り下げていきたいと思います。

　次の式をご覧ください。これは、ページビューと滞在時間の中身を分解したものです。ページビューと滞在時間は、下記のように置き換えられます。

　　ページビュー＝（訪問者数）×（一人当たり閲覧ページ数）
　　滞在時間＝（訪問者数）×（一人当たり閲覧時間）

　このようにPVと滞在時間という二つの指標は、「訪問者」を増やすことと同時に、サイト内の「巡回」を増やすことが重要なことがわかります。訪問者数とは、言い換えれば自社が運営するサイトに「外部から流入する人」の数です。

　つまり、Webサイトが外からどう扱われているかという「外的要因」に依存します。具体的には、次のようなものがあげられます。

①訪問者数に影響する

　・リンクを多く貼られている
　・検索結果の上位に表示されやすい
　・広告で的確に集客できている

　式の右辺の後ろの項にあたる、「一人当たり閲覧ページ数」や「一人当たり閲覧時間」は、サイト内をどれだけ巡回できるかという「内的要

因」に依存します。具体的には、次のようなものになります。
② サイト内の巡回に影響する
・サイト内の利便性が良い
・サイトの情報の質が高い
・サイトの情報のボリュームが多い

(3) 要因分析して Web サイトのレベルを上げる

　ページビューと滞在時間は、それぞれ閲覧者の増加という「外的要因」と、サイト内の巡回という「内的要因」の掛け算であることがわかります。

　これは、企業が売上を上げるプロセスと同じです。売上は「集客」という「外的要因」と、集めた見込み客に商品を買ってもらうという「成約率」、すなわち「内的要因」がセットになってはじめて上昇します。

　このように考えると、Webサイトがページビューや滞在時間を増やすことが企業のマーケティング活動と同じであることがわかるでしょう。

　一方で、ページビューと閲覧時間はあくまでもWebサイトの質を計るうえでの一面的な指標でしかありません。アクセス解析の活用から得られた多面的な情報をもとにして、Webサイトの「外的要因」と「内的要因」をバランスよく伸ばしていくことが、今後の運営の礎になっていきます。

　表面的な数値を意識し過ぎることなく、Webサイトとしての本来の役割を正しく認識してサイトの運営にあたるとよいでしょう。

図 6-03　ページビュー（PV）と滞在時間

アクセス解析では、PV やコンバージョンを見ている傾向が強い

ウェブサイトの効果の判断指数（複数回答）

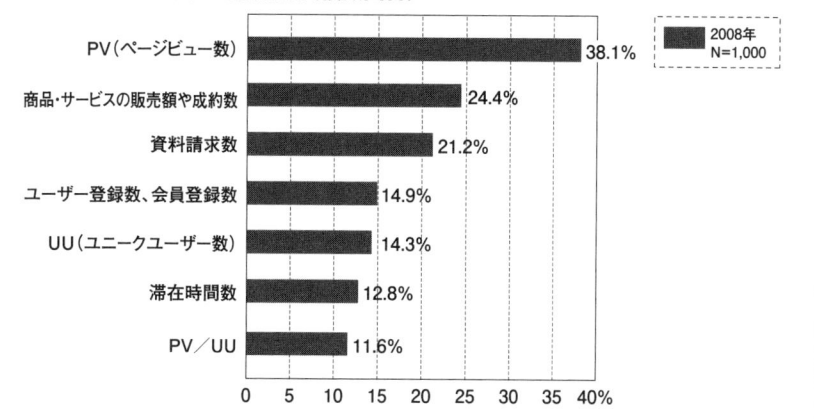

2008年
N=1,000

- PV（ページビュー数）：38.1%
- 商品・サービスの販売額や成約数：24.4%
- 資料請求数：21.2%
- ユーザー登録数、会員登録数：14.9%
- UU（ユニークユーザー数）：14.3%
- 滞在時間数：12.8%
- PV／UU：11.6%

出典：「インターネット白書2008」

©impressR&D,2008

図 6-04　Google Analytics における滞在時間の分析結果

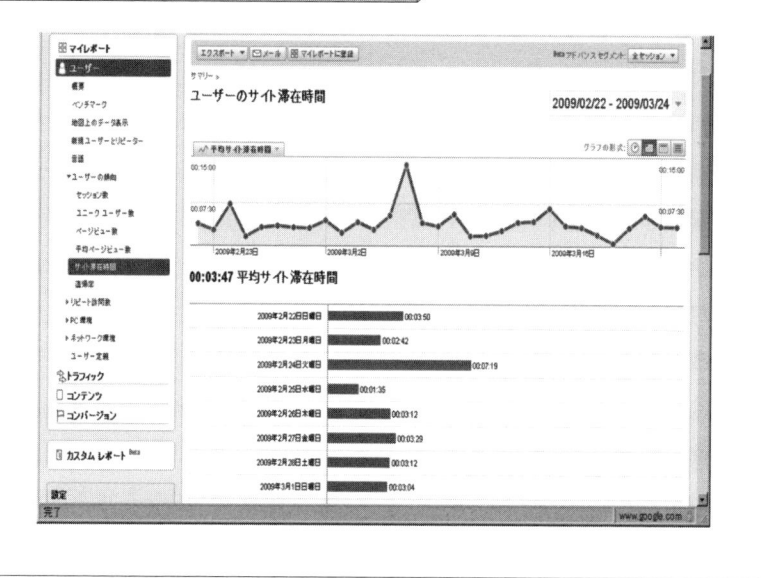

PART 6　インターネット・マーケティングの潮流

section 3　インターネット・マーケティングの潮流

RSS 広告

　RSS広告とは、RSSフィードを媒体とした広告のことです。インターネット環境における広告は、さまざまな形態を生み出していますが、その中でも、RSS広告は比較的新しい広告手段です。ここではRSS広告のもつメリット・デメリットを交えながら、RSS広告の特徴を捉えましょう。

(1) 注目される RSS 広告
　RSS広告はその名のとおり、RSSに広告を織り交ぜる手法です。RSSのしくみはPART 4で触れています。RSSはメールマガジンに次ぐ新たなWebサイトからの情報発信手段として、近年、急速に普及しています。そこで、RSSに広告を織り交ぜる手法が注目されています。これがRSS広告です。

(2) メリットとデメリット
　RSS広告を紹介するうえで、常に比較されるのがメルマガ（メールマガジン）広告です。RSS広告をよく知るために、メルマガ広告と比較しながら、RSS広告のメリット・デメリットを検討してみましょう。
①運営者側のメリット
・顧客のメールアドレスが不要なため、メールアドレス管理の手間がかからない。
・記事の更新時に自動で生成されるため、メール配信の手間がかからない。

・迷惑メールのように捨てられることがない。
・スパムという概念がないため、サイトの閲覧へとつなげやすい。

②**運営者側のデメリット**
・顧客のメールアドレスが取得できないため、購読者の属性に合わせた配信ができない。
・RSSの購読者がどれくらいいるのかがわからない。

③**ユーザ側のメリット**
・メールアドレス登録が不要なため、情報漏えいの心配がない。
・迷惑メール広告になることがない。
・自分の好きなときに情報を取得できる。

④**ユーザ側のデメリット**
・RSSリーダーを自分で確認する必要がある。
・大量のRSSに埋もれて、必要な情報が届かない可能性がある。

　以上のように、RSSと電子メールの特性がそのまま広告にも表れています。

(3) RSS広告の形態

　RSS広告を展開するにあたり、基本的なことを押さえておきましょう。RSS広告には、技術的に2つの方式があります。

　ひとつは、Webサイトの記事自体を自社製品の広告として、RSS配信をすることです。もうひとつは、RSSに自社とは関係のない広告を配信して、広告費用を稼ぐ手段です。

　前者は、企業Webサイトで用いられ、企業の製品やサービスの広告の一環として利用されるケースがあります。後者は、個人が運営するブログなどで使われる手法で、米FeedBurner社（現在はGoogleの傘下）が運営する広告システムが有名です。

(4) 普及段階に入った RSS 広告

　最近では、マイクロソフトの Web ブラウザである Internet Explorer に RSS リーダーが標準機能として搭載されました。これにより、RSS の普及は新たな成長段階を迎えています。RSS 広告は、インターネットの広告の中でも比較的新しい手法です。まだ取り入れられているケースは少ないのですが、今後、RSS が一般の人々にもメルマガに代わるメディアとして普及し活用されるシーンが増えていくことでしょう。

(5) 活用の提言

　RSS は新しいメディアとして、今後も発展していくことが予想されます。特に、メールマガジンを媒体として広告を配信していた運営者にとって、RSS 広告はメールマガジンの弱点を補完する要素を持っています。個人情報の問題や、配信コストのことを考えると魅力的なメディアです。

　RSS の特徴とそのメリットを十分に活用しながら、企業サイト運営者は自社広告のあり方を考え直すきっかけになるでしょう。他のインターネットメディアでもいえることですが、技術動向とトレンドをしっかりと捉えて活用しましょう。

図 6-05　RSS 広告の概念図

❶企業サイトがRSSを使って広告を配信する方法

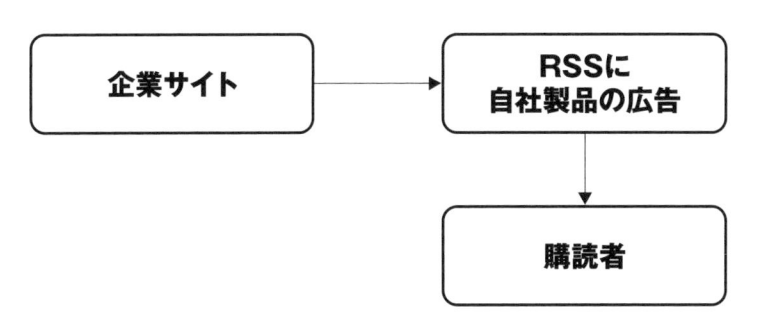

```
企業サイト  →  RSSに
               自社製品の広告
                    ↓
               購読者
```

❷ブログ運営者がRSSを広告収入として使う方法

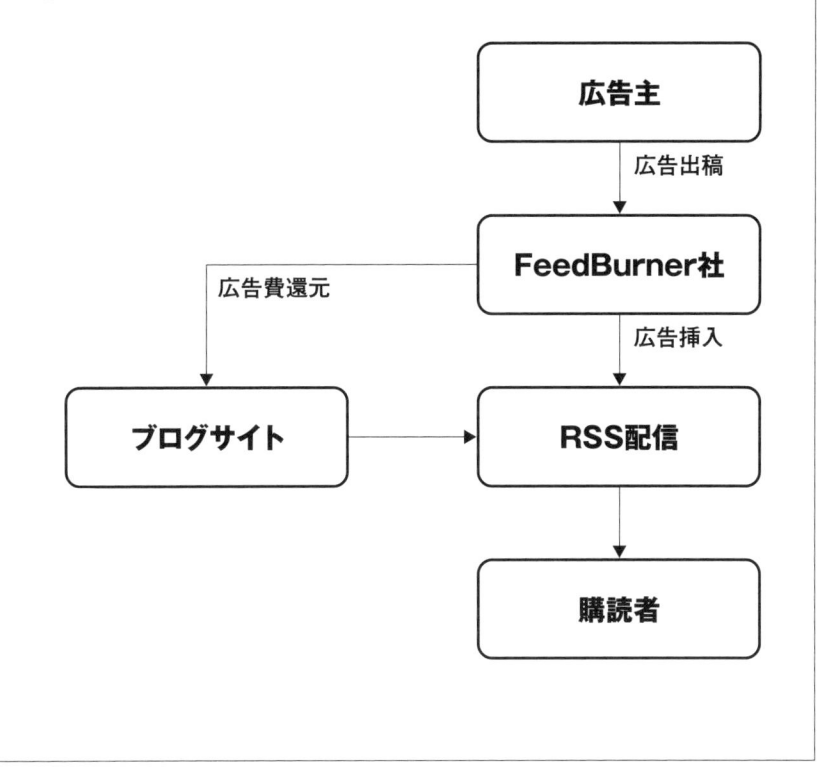

```
                広告主
                  │ 広告出稿
                  ↓
                FeedBurner社
      ←広告費還元  │ 広告挿入
                  ↓
ブログサイト  →  RSS配信
                  ↓
                購読者
```

section 4　インターネット・マーケティングの潮流

既存メディアとの連携

　インターネット・マーケティングの潮流の最後のテーマとして、既存メディアとの連携について紹介していきます。既存メディアとは、テレビ、ラジオ、新聞、雑誌などのメディアです。既存メディアとの連携とは、インターネットの持つ特徴と既存メディアの持つ特徴を合わせることによって、インターネットのデメリットを補完していく考え方です。

(1) インターネット広告のメリット

　インターネットは、多くの企業がマーケティング活動に当たり前のように使う道具として社会に深く浸透しました。これまでのPARTを読まれた方にはわかると思いますが、インターネットは既存メディアに対して下記の点で優位性を発揮します。

・情報の双方向性（ブログ、コメント、掲示板など）
・情報発信の迅速性（アップロード、即公開）
・情報発信の低価格化（Webサイト運営価格の低さ）
・情報の検索性（検索エンジンで簡単にたどりつく）
・情報の個別最適化（ワントゥワン・マーケティング）

　これらは、インターネットがひとつのメディアとして大きく成長した要因としてあげられるものです。インターネットの広告市場の伸びは、それを如実に示しています。インターネット広告の市場規模は既存メディアの広告市場の停滞を尻目に、年々拡大を続けています。なぜ、これほどまでにインターネットのメディアとしての価値が高まったのかと

いうと、それはひとえに、ワントゥワン・マーケティングの実現につきます。

(2) 既存メディアが実現できなかった広告

　これまでのマーケティング理論が行き着く先は、ワントゥワン・マーケティングの実現でした。ワントゥワン・マーケティングは多様化する顧客ニーズに対応できるため、マス・マーケティングよりも高い効果を発揮します。しかし、ワントゥワン・マーケティングの実現には、多大なコストと負荷がかかります。それを容易に、低価格で実現したのがインターネットです。

　既存メディアの広告では、例えば自動車の広告を流したいとき、自動車を欲しい人にも欲しくない人にも、広告を見せなければなりません。

　一方、価値ある深い情報を伝えるには、視聴時間や紙面という大きな制約がありました。インターネット広告ならば、情報を必要としている人にだけ深い情報を提供できます。結果として、マーケティング活動の効率化を促し、インターネットは価値あるメディアに成長したのです。

(3) 既存メディアとの連携

　既存メディアには、このままインターネット広告に駆逐されるかに見えた時期もありましたが、インターネットとの調和によって新たな活路を見出しています。それがこのsectionのテーマでもある「既存メディアとの連携」です。

　近年、既存メディアの広告がインターネット広告と連携することで、相乗効果を上げるのではないかと考えられるようになってきました。インターネット広告はこれまで、既存メディア広告と「代替関係」にあると思われていたのですが、実際は「補完関係」にあることがわかってきたのです。

例えば、みなさんがテレビ広告で目にする検索窓があります。商品名や関連するキーワードが検索窓に入っていて、「検索」のうえにマウスの矢印が出ている図です。これは、商品の情報をWebサイトで詳しく提供する代わりに、マス広告をWebサイトへの誘導手段と割り切って使っています。

(4) 複雑化する商品説明
　現代の商品は、消費者ニーズの多様化により商品の価値が伝わりにくくなっています。既存メディアの広告で発信するには、例えばテレビCMであれば、15秒で伝えなければなりません。また新聞の広告であれば、コストを考えて小さな紙面で説明しなければならないのです。
　しかし、それでは十分な広告効果は得られません。そこで、マス広告にはマス広告の強みである、無作為の大量視聴者へのPRというように役割を限定し、詳細の商品説明はインターネット（Webサイト）のワントゥワン・マーケティングに委ねようというのが、既存メディアとの連携における基本的な考え方です。

(5) 活用の提言
　既存メディアとの連携は、マーケティング戦略において重要度を増しています。これからは、メディアミックスのマーケティング戦略が求められてきます。これからも、新しい広告手法やマーケティング手法が登場することでしょう。基本的には顧客の購買プロセスを分解し、それぞれのプロセスにおいて最適な広告ツールを織り交ぜながら最終的な売上を上げるという手段が求められています。既存メディアとの関係の中で、インターネットをマーケティング戦略の中心に置く比重は、今後も高まっていくことでしょう。

図 6-06　既存メディアとのミックス概念図

①インターネットは既存のメディアを補完する

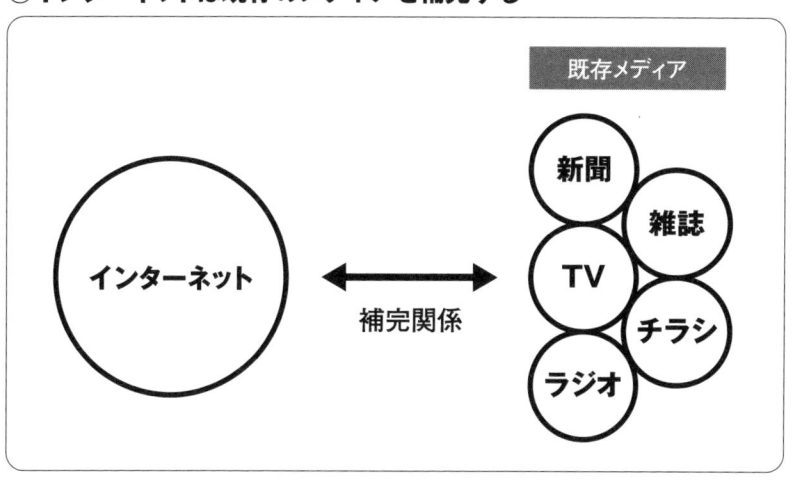

既存メディア

インターネット ⟷ 補完関係 ⟵⟶ 新聞／雑誌／TV／チラシ／ラジオ

②既存メディアのインパクトで消費者の興味を引き、インターネットで深い情報を提供する

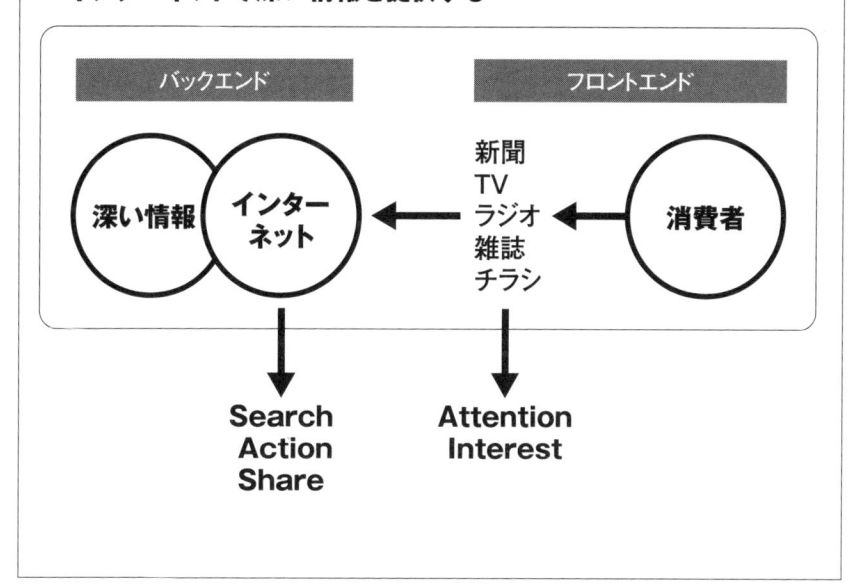

バックエンド：深い情報 — インターネット

フロントエンド：新聞／TV／ラジオ／雑誌／チラシ ⟵ 消費者

- Search
- Action
- Share

- Attention
- Interest

section 1 　モバイル端末の特性
section 2 　モバイル端末の技術動向
section 3 　携帯サイトとPCサイト
section 4 　公式サイトと一般サイト
section 5 　モバイルコマース
section 6 　モバイルSEM

PART 7

モバイル・
マーケティング

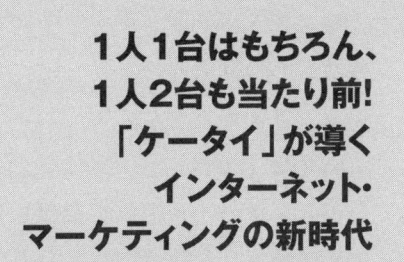

1人1台はもちろん、
1人2台も当たり前!
「ケータイ」が導く
インターネット・
マーケティングの新時代

section 1　モバイル・マーケティング

モバイル端末の特性

　モバイル・マーケティングを解説するにあたって、モバイル端末の特性について紹介します。モバイル端末の定義と特性を見ながら、マーケティング上の特徴を確認しましょう。

(1) モバイル・マーケティングにおける端末の定義
　モバイル端末というと、一般的には携帯電話を想像されると思いますが、本書においては、次のような特徴を備えたものをモバイル端末と定義します。
①メールの送受信、およびインターネットの閲覧ができる。
②キーボードなどの入力手段がある。
③軽量・コンパクトで、持ち運びができる。
④肌身離さず持ち歩く。
　以上の要素を併せ持っていることが特徴です。①〜③の条件であれば一般のノートパソコンも含まれるし、さらに「5万円PC」と呼ばれるネットブック、あるいはMID（モバイル・インターネット・デバイス）なども含まれます。
　インターネット・マーケティングを考えるうえで、モバイル端末の重要性はその可搬性にあります。ネットブックなどは、ここではモバイル端末には含めません。
　本PARTでは、④で示した「肌身離さず持ち歩く」という条件を重要視してモバイル端末を定義します。このsectionでは、「インターネットに接続できる携帯電話」をモバイル端末の代表例として位置づけて話

を進めます。

(2) モバイル端末のメリットとデメリット

　モバイル端末はインターネット・マーケティング上、どのようなメリット・デメリットがあるのでしょうか。モバイル端末の最大の特徴はその持ち運びの便利さにあります。

　いま日本で普及しているほとんどの携帯電話は、インターネットに接続することができます。電子メールやWebブラウジングによって、モバイル端末は高度な情報端末となり、インターネットとの接続は企業によるマーケティングの重要な媒体になりました。

　特に、移動中や外出先でのマーケティングができる点に、企業は大きな関心を寄せています。自宅にいるときとは異なる行動特性に対して新しいマーケティングを提供できるのが、モバイル端末の最大の特徴です。

　一方、デメリットは何でしょうか。モバイル端末はポケットに入る程度のサイズのため、情報の表示領域が不十分であることがあげられます。携帯電話ならば、せいぜい3インチ程度の液晶ディスプレイしかありません。

　そのため、伝達できる情報量に制限があります。写真は大きなサイズのものや高解像度のものは表示できないし、自宅のPCと違って通信コストの制約もあります。運営側としては、コンテンツを必要最低限かつ効果的に提供することが求められます。

(3) 可搬性が変えたマーケティング戦略

　では、なぜ肌身離さず持ち歩くことが重要なのでしょうか。パソコンのように「わざわざ起動してメールを確認する」という使い方は、携帯電話の端末とは少し異なります。携帯電話のメールは、開封されるまでの時間が大幅に短くなります。

さらに、事業者の迷惑メール対策が進んでいるため、携帯電話に来たメールは開封される確率が非常に高いのが特徴です。場所を選ばない即時性と高いメール開封率は、マーケティング上、PCのインターネット環境とは大きく異なるものです。
　そこで、モバイル端末に特化した独自のマーケティング戦略があるのではないかと各方面で研究が進められています。
　モバイル・マーケティングは、既存のインターネット・マーケティングに比べて、少し毛色の違ったマーケティングが可能となります。

(4) 外出先、移動中のマーケティング

　まずはじめは外出先、移動中でのマーケティングです。既存の電子メールは自宅にいる人へのアクセスなので、その人が持つ属人的興味しか広告の対象がありませんでした。しかし、移動中に配信できるとなれば、街中にいるときと郊外にいるときとでは、配信すべき内容は異なります。近くのレストラン情報を提供するのであれば、現在地の情報が重要になります。
　言い換えると、広告効果の高いプッシュ型マーケティングができるのです。これらは、既存のインターネット・マーケティングとは違った取り組みです。

(5) 紙メディアとの連携

　カメラを活用したマーケティングも可能です。現在国内で普及している携帯電話には、ほとんどにQRコードの読み取り機能が付いています。QRコードは2次元バーコードの一種で、簡単なテキストをバーコードにして情報化できます。
　これにより、電車や街頭の広告、あるいはチラシから携帯電話を介してのインターネットアクセスが可能となります。リアルマーケティング

とインターネット・マーケティングを融合して、複合的なサービスを提供できるのです。

(6) 統合されたマーケティングを作り出す

モバイル端末は、既存のマーケティングツールとの代替関係にあるばかりでなく、補完関係にもあります。モバイル端末には、日進月歩でさまざまな新しい機能が提供されています。

若年層にはこれらの機能の浸透が速いため、若年層向けのマーケティングでは新しい機能と既存メディアをミックスさせて、統合されたマーケティング環境を構築することが求められます。

図 7-01　モバイル端末の特性 比較表

PCにおけるマーケティングと、携帯におけるマーケティングの特徴比較

比較項目	PC	携帯
場所	自宅	移動中・外出先
情報量	大	小
通信回線	大容量	少容量
リアルとの連携	テレビ 新聞 ラジオ 雑誌	左記に加えて QRコード 交通広告

section 2　モバイル・マーケティング

モバイル端末の技術動向

　モバイル端末は年々進化を遂げています。ここでは、これまでのモバイル端末の進化の過程をおおまかに振り返りながら、特にマーケティング分野でどのような役割を演じているのか、将来どのように社会に影響していくのかについて紹介していきます。

(1) 歴史と潮流

　日本の携帯電話は1990年代に爆発的に普及し、大きな市場成長を遂げました。1999年、NTTドコモによるiモードサービスの開始を皮切りに、インターネットへの接続環境が確立され、携帯電話の利便性は飛躍的に高まりました。利便性の向上とともに、マーケティングにも新たな手法をもたらすという、消費とビジネスの両面で大きな意味を持つ出来事でした。

(2) 現在のトレンド

　近年の携帯電話の技術革新はすさまじく、毎年のように新機能や新デバイスが搭載されていきます。電子メールの送受信から始まった機能革新も、近年ではさまざまな機能を取り込み続けています。カメラ、ミュージックプレイヤー、テレビ、ラジオ、GPS、電子マネー、無線機能など、現在では多くの機能が携帯電話に取り込まれました。これらは単独の機能としてではなく、インターネットを絡めたマーケティングを実施する際の大きなツールとなってきています。

(3) 高機能化の背景

　日進月歩の機能追加の背景には、日本独特の携帯電話業界の商習慣がありました。日本の携帯電話の事業者は、普及を第一に端末メーカーから高額で買い上げ、販売店には、手厚い販売奨励金を出して、初期費用を徹底的に抑えて提供しました。このビジネス構造が端末メーカーの高機能携帯の開発を支え、それがまたユーザを拡大してきたのです。近年、携帯電話の普及台数が1億台を超え、飽和状態になってからは事業者も従来の販売形態が維持できなくなりました。

　2007年頃から携帯電話事業者が販売奨励金の大幅な削減を行った結果、店頭での端末価格が高くなっており、販売台数の落ち込みに見舞われています。既存の端末メーカーの開発体制にも影響を与えるようになっています。

(4) 今後の展開

　今後のモバイル端末には、インターネットと連携することが一層求められます。第3.9世代とよばれる通信技術LTE（Long Term Evolution）が普及すると、現在の光ファイバ並の通信速度が実現できるようになります。

　そうなると既存のコンテンツに加えて、動画など大容量のコンテンツもモバイル端末で閲覧できるようになります。結果として多面的なサービスが期待でき、コンテンツ市場が今後も伸長することが予想されます。

(5) 日本の携帯電話市場の課題

　日本のモバイル端末は高機能が際立っていますが、現在の日本の端末メーカーの立場は決して良い状態ではありません。日本の携帯電話端末メーカーで、世界のシェア上位にいる企業は1社もないのです。世界の市場を見渡せば、ノキアやサムスン、モトローラなどのメーカーが高い

シェアを持つ一方で、日本メーカーのすべての販売シェアを合計しても、世界規模で見れば10%にも満たないのです。

現在、世界で年間10億台近い携帯電話が販売されています。しかし高機能な端末が求められているのは日本市場だけであり、産業の「ガラパゴス化」ともいわれています。世界市場ではシンプルな端末の普及が進む一方、米Apple社のiPhoneやカナダRIM社のBlackBerryなど、スマートフォン市場が伸びています。PCメーカー、インターネットサービス業者などさまざまなセクターの覇者が、携帯電話市場の覇権を争っているのです。

日本の端末メーカーは、世界の競合と戦っていくために戦略の転換が求められています。これまでのような携帯電話事業者と一体となった「高機能化に傾倒した端末開発」から脱却し、ハードとソフトが統合されたシステムを構築することが望まれています。

(6) エコシステムの構築とオープン化の波に乗れるか

いま、携帯電話に限らず、世界のソフトウェア業界はオープン化が盛んです。自社の技術を部分的に公開し、第三者に開発にたずさわってもらうことでソフトウェアの価値を上げる手法です。米Appleは高機能スマートフォンであるiPhoneのソフトウェア仕様の一部を公開し、ソフトウェア開発キットを提供しました。第三者によって開発されたソフトウェアは、Appleの公式サイト上で販売され、Appleと開発者が収益をシェアするしくみを作りました。iPhoneユーザは、ソフトウェアをダウンロードすれば新機能を利用できるようになります。同時に、ソフトウェアの開発者は、販売実績に応じて収益を得ることができます。まさに、Apple、開発者、ユーザがWin-Winの関係を構築しているのです。マイクロソフトも同じように、自社の携帯端末用OSであるWindows Mobileでソフトウェアの流通市場を構築しようとしています。

米Google社は、新しい携帯電話OSとして「アンドロイド」を開発し、無償公開しました。外部の開発リソースを借りてソフトウェア作りの一翼を担ってもらおうとしています。第三者の開発リソースを活用して、サービス全体のパフォーマンスを拡大していくしくみを「エコシステム」といいます。今後は、携帯端末と周辺サービスの開発競争において、エコシステムの構築が重要になっていくことでしょう。

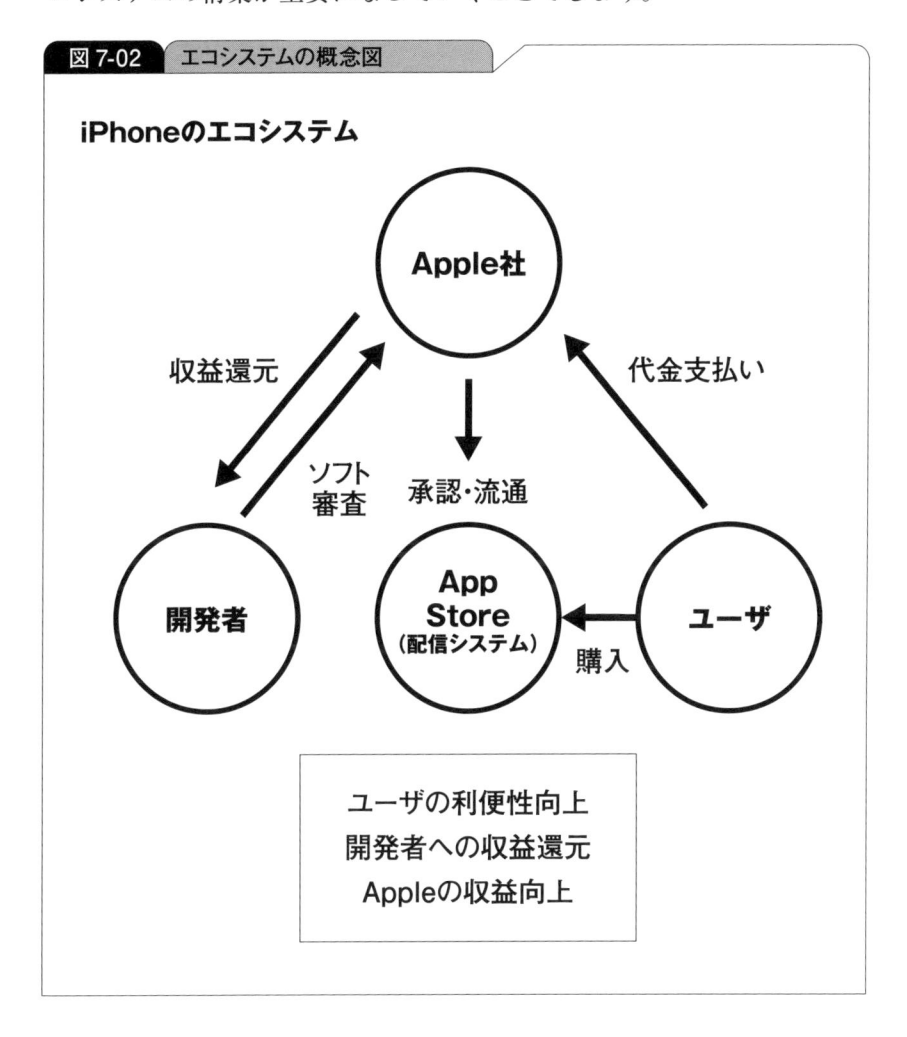

図 7-02　エコシステムの概念図

iPhoneのエコシステム

- Apple社
- 開発者
- App Store（配信システム）
- ユーザ

収益還元／ソフト審査／承認・流通／代金支払い／購入

- ユーザの利便性向上
- 開発者への収益還元
- Appleの収益向上

section 3　モバイル・マーケティング

携帯サイトとPCサイト

　携帯サイトとは、一般のパソコンから閲覧するWebサイトとは異なり、携帯電話端末で表示させやすいように情報量を低減したものです。ここでは携帯サイトとPCサイトの違いから、マーケティング上の特性を紹介します。

(1) iモードと携帯サイトの誕生
　携帯サイトが本格的に普及し始めたのは、1999年にNTTドコモが開発したiモードサービスからでした。
　iモードは、携帯電話からインターネットへの接続環境とそれに付随するサービスを統合した情報通信サービスです。iモードは、インターネット上のコンテンツを携帯電話の端末で表示できるようにしました。
　これにより、「携帯サイト」と呼ばれるものが誕生したのです。当時の携帯電話は、情報処理能力や通信速度に制約が多く、普通のPCサイトのコンテンツを表示させることができませんでした。携帯電話の画面もそれほど大きくなく、大きな情報量が詰まったPCサイトをそのまま閲覧するには適していなかったのです。
　そこで、NTTドコモがCompactHTML（CHTML）言語をはじめ、携帯サイトの定義を明確にし、それに準拠したHTMLファイルを携帯電話で表示できるようにしたのです。

(2) 軽量、コンパクトな携帯サイト
　携帯サイトはPCサイトに比べて、ファイル容量や記述言語で大きく

制限されています。例えば、iモード開始当時、ひとつのHTMLファイルの容量は2キロバイト以下に制限されるなど、情報量の面でPCサイトに見劣りしました。JavaScriptなどの言語も実行できません。しかし、軽量でコンパクトな情報は携帯電話の便利さと相まって、文字情報をベースにさまざまなコンテンツが誕生しました。

仕様に制限をかけたことで、逆にアイデア勝負のさまざまなサービスが登場し、iモードをはじめとした携帯電話のインターネット接続サービスを爆発的に普及させました。

(3) 事業者間の共通化を経て普及

しばらくの間、auのEZwebだけはHDMLという言語規格を採用していましたが、数年後にはiモードとほぼ同じ規格に準拠するようになりました。

これにより、当初からCHTMLに準拠していたJ-Phone（後のVodafone、Softbank Mobile）とWeb表示のプラットフォームが統一され、ほとんどの携帯サイトがどの事業者のブラウザでも閲覧できるようになったのです。

2000年頃のADSLの低価格化を契機に、家庭のインターネット接続はブロードバンドが急速に普及しました。そのため大容量の通信が前提となったPCサイトでは、動画などのファイル容量の大きいコンテンツが増えていました。

家庭のブロードバンド化と歩調を合わせるかのように、2003年には、第三世代携帯電話の普及で先行していたauが、「WINサービス」を開始しました。

これは、世界ではじめてパケット通信費用の月額定額制を実現したサービスです。これにより着うた、動画コンテンツ、携帯コミックなど、さまざまなジャンルの大容量モバイルコンテンツ市場が一気に花開くこ

ととなりました。

　2006年頃からは、日本の携帯電話事業者のすべてが、なんらかの形でパケット通信料の定額制をとるようになりました。これまで携帯サイトの閲覧にかかっていた費用が、非常に低価格になってきたのです。

　現在、携帯電話も大画面化しており、PCサイトビューアーを搭載した機種も多くなっています。

　そのため、PCサイトを携帯電話で閲覧することに、金額面でも技術面でも垣根がなくなりつつあります。また、次世代の通信技術であるLTE（Long Term Evolution）が実用化されれば、携帯電話でも光ファイバ並の通信速度が実現できます。

　最近の携帯コンテンツは、単なる情報サイトにとどまらず、後に紹介するモバイルコマースによる電子商取引にまで広がりを見せています。これには、携帯電話においても高速大容量通信の技術が普及確立したことと、携帯端末が技術革新で高性能化したことが寄与しています。

(4) 携帯サイトの今後

　米Apple社のiPhoneをはじめとして、スマートフォンも普及しており、スマートフォンではPCサイトを見るのが一般的です。いまや接続回線も高速大容量化しており、高機能な携帯電話では、PCサイトを閲覧できるソフトウェア（フルブラウザ）がインストールされている機種も少なくありません。携帯サイトとPCサイトの垣根はなくなりつつあり、携帯サイトそのものの存在意義が問われ始めています。

　一方で、携帯サイトにおけるサービスや取引を表すモバイルコンテンツ市場とモバイルコマース市場では、年率10％程度の比較的高い伸びが続いています。

(5)携帯サイト活用の提言

　携帯電話の通信技術は年々進歩しており、近い将来すべての携帯電話でPCサイトを閲覧できるようになることも夢ではありません。

　一方、携帯サイトのコンパクトな情報配信技術は今後も魅力を持ち続けることでしょう。現在の日本では、携帯電話の普及台数が1億台を超えており、既存の携帯サイトの延長線上では、運営者としては、大きな収益は得にくくなってきているのが実情です。

　将来の端末動向や、事業者のサービス動向、新規参入者のサービス内容を注視しながら、新しい戦略を構築していくことが求められます。

図 7-03　携帯サイトのメリットとデメリット

メリット	デメリット
●サイトデザインの簡単さ ●外出先・移動中での情報提供	●小さな画面による表現の制約 ●通信量による情報量の制約 ●アクセス誘導の複雑さ、難しさ

section 4　モバイル・マーケティング

公式サイトと一般サイト

　公式サイトとは、NTTドコモが運営するiモードなどのインターネット接続サービスにおいて、正規のメニューから誘導されリンクされているWebサイトです。

　一方、一般サイトとは、公式メニュー以外のアクセスによって到達するサイトです。なんらかのリンクやGoogleなどの検索エンジン、あるいはURLを直接入力するなどして到達するサイトのことです。ここでは公式サイトと一般サイトの違いから、マーケティング上の違いを見ていきましょう。

(1)公式サイト

　現在、国内ではNTTドコモが「iモード」、auが「EZweb」、ソフトバンクモバイルが「Yahoo! ケータイ」というコンテンツサービスを提供しています。各社の携帯端末には、それぞれのサービスに直接アクセスするための専用のボタンが用意されています。

　各社のサービスメニューには、ニュースや天気予報をはじめ、ゲーム、グルメなど、多様なコンテンツへのリンクが貼られています。これらのメニューに登録されているサイトは「公式サイト」と呼ばれ、各携帯電話事業者の審査を通ったサイトです。

(2)一般サイトの存在

　他方、公式メニューからリンクされていないWebサイトは「一般サイト」と呼ばれます。携帯電話で閲覧しやすいように軽量なHTMLで

作成されたコンテンツには、公式メニュー以外の手段（検索やURLのダイレクト入力）で到達することができます。

これらは、携帯事業者が公認していないことから、「勝手サイト」と呼ばれることもあります。「一般サイト」には、広い意味でPCサイトも含まれるため、公式サイトより多くのサイトが存在します。

(3) 公式サイトのメリット

公式サイトにおける最大のメリットは、何より集客力です。各事業者のサービスメニューから公式に展開されるサイトは、お墨付きをもらったサイトですから、ユーザからの信頼も高くアクセス性もよいため、Webサイトへのアクセスアップが望めます。URLやサービス名をユーザに認知させる手間が省けることで、認知にかかるマーケティング費用（広告など）を低減できます。

コンテンツを有料化したい場合にも強さを発揮します。公式サイトであれば携帯電話事業者の課金システムを使い、コンテンツ利用料を携帯電話会社が代行して電話料金と同時に請求することができます。このため、数百円といった少額決済でも利用しやすいという特徴があります。一般サイトでは、ユーザにクレジットカードの情報を登録してもらう必要があり、どうしても有料課金の敷居が高くなってしまいます。

その点、公式サイトであれば事業者の課金モデルが使えるため、会員料徴収の敷居を低くすることができます。会費を徴収するビジネスモデルのサイトでは、公式サイトへ登録されることがビジネス成功のポイントです。

実際には、課金したコンテンツ利用料の約半分は携帯電話事業者の収入となるため、サイト運営者には約半分しか残りません。それでも少額決済の手段が乏しいインターネットビジネス、特に携帯コンテンツにおいて広く薄く課金できるモデルは、事業成功のポイントであることに変

わりありません。

　昨今話題になっている一般サイトのフィルタリング（未成年者のアクセス拒否機能）を回避する意味でも、公式サイトへの登録は重要です。

(4) 一般サイトのメリット

　一般サイトにもメリットがあります。一般サイトは、サイト運営にあたってどのようなメリットがあるのでしょうか。第一に携帯電話事業者による審査が不要なため、スピーディーな事業展開ができます。通常、公式コンテンツへの登録には膨大な費用と事業者による審査が必要となり、人的・金銭的負荷が重くなります。最初は一般サイトとして小さくサービスを始め、認知度が高まったところで公式サイトにするという戦略もあります。

　更新の際の自由度が高いというのも一般サイトの特徴です。公式サイトは内容のみならず、他サイトへのリンクや広告内容にまで携帯電話事業者からの指示や制限が付きますが、一般サイトであればそのような心配は無用です。自由に内容を改良していき、よりよいサービスへと作り変えることができます。サイト制作の自由度とスピードを求めるのであれば、一般サイトでの運営は有効な手段と捉えられます。

(5) 活用の提言

　以上のように、公式サイトと一般サイトには、それぞれメリットとデメリットが存在します。事業のスピードや自由度を求めるのであれば、一般サイトで始めるのが適切です。他方、成熟したサービスで会員料金を徴収して生き残っていくビジネスであれば、公式サイトを目指すべきです。自社が運営するサービスの内容に合わせて、方法を変えていくことが重要です。

| 図 7-04 | 公式サイトと一般サイトのメリット・デメリット比較表 |

公式コンテンツ（iモードなど）のしくみ

- 携帯事業者（NTTドコモなど）
- WEBサイト運営者
- 公式サイト
- ユーザ

①審査・承認依頼
②許可・開放
③課金システム提供
⑦収益還元
④サイト構築
公式サイト群管理
⑤アクセス
⑥利用料支払い

公式サイトのメリット	一般サイトのメリット
●公式メニューからのアクセス数アップ ●事業者の課金システムの利用 ●フィルタリング回避 ●サイトの信頼度醸成	●迅速な事業運営 ●制約のない自由なサイト表現 ●広告の自由度 ●キャリア審査不要のため、低コスト

PART 7　モバイル・マーケティング

section 5　モバイル・マーケティング

モバイルコマース

　モバイルコマースとは、携帯電話を使った商取引のことです。商取引というと堅い表現になりますが、言い換えれば、買い物とそのための決済機能のことです。ここでは、モバイルコマースの持つ特徴とその市場性について紹介します。

(1) 立ち上がったモバイルコマース市場

　電子商取引の中でも、携帯電話の機能を使うものをモバイルコマースと分類しています。近年の携帯電話機能の発達とさまざまなサービスの普及によって、モバイルコマースの市場は、ここ数年で急速に進展しました。

　これまでの電子商取引は、PCを使ったインターネット上のビジネスが一般的でした。インターネットは、商品の細かい情報を画像や文字で大量に提供でき、さらにデータベースと連携して商品の検索性を上げることができます。これらの技術は、既存のリアルの商取引における問題点を補完する技術としてさまざまな分野に普及しました。

　近年、携帯電話の機能が高度化したことで、新たにモバイルコマースという市場が立ち上がったのです。

(2) モバイルコマースの特徴

　携帯電話機器は、インターネットのWebサイトを閲覧できるため、移動中や外出先で商品の閲覧ができる点が魅力です。2003年頃から、携帯電話各社がパケット料金の定額制を採用し始めており、この時期か

らモバイルコマースも急成長を遂げています。FelicaやEdy、Suicaなどの電子マネーを利用した決済が可能な点で、PCコマースとは違った取り組みができます。携帯電話のクレジットカード機能も使うことで、高額商品の決済もできるようになりました。携帯端末の高機能化が、モバイルコマース市場を活性化することになったのです。

(3) モバイルコマースの特徴
　モバイルコマースの市場で、どのような取引が活発なのかを見ていきましょう。
①物販系サイト
②サービス系サイト
③トランザクション系サイト
　①の物販系サイトとは、Amazonや楽天など物品を通信販売しているサイトを表します。これはPCコマースと同様に商品をWeb上で確認し、決済を行うのが特徴です。どちらかといえば、PCの内容を小さい画面でも見られるようにして、販路を広げたという方が正しいかもしれません。
　②のサービス系サイトとは、興行チケット、旅行チケット、航空券などの販売サービスです。近年の携帯電話には、SuicaやEdyなどの電子マネー機能と連動して、鉄道のチケット支払いや飛行機へのチェックインができるサービスも増えており、携帯機能の活性化と相まって市場が伸びています。
　③のトランザクション系サイトとは、主にオークションや金融取引のことです。携帯でのネットオークションや株式、為替取引、投資信託など、金融商品の売買に携帯電話を使うことです。トランザクション系の市場規模には、手数料だけが集計されています。

(4) モバイルコマースのメリット・デメリット

　モバイルコマースにおけるメリットとデメリットとは何でしょうか。最大の特徴は、携帯電話の可搬性です。場所と時間を選ばず、いつでもどこでも決済手段を持つわけですから、PCコマースでは時間や場所に制限があるような分野において、モバイルコマースは威力を発揮します。すきま時間での取引が可能になりますから、プッシュ型の情報配信によるマーケティングと連動させることが効果的です。

　一方、デメリットは小さな画面と通信速度です。今では3インチ程度の液晶モニタを搭載した機器も増えましたが、PCと比べて情報量では劣ります。通信速度の制約もあるため、大容量の情報を配信することはできません。軽量コンパクトな情報提供に気を配る必要があります。

(5) モバイルコマース活用のポイント

　モバイルコマース活用のポイントは、若年層向けのマーケティングです。若年層ほど高機能の携帯電話を持ち、機能を使いこなす傾向があります。若年層をターゲットとした商取引では、モバイルコマースの魅力は非常に高まります。

　一方、携帯電話は小さな画面で商品の説明を行わざるを得ないなど、PCサイトをそのまま移管するだけでは立ちゆかないこともあります。メリット、デメリットをしっかりと理解したうえで、総合的にマーケティング効果を考えて、モバイルコマースを活用していくことが求められています。

　これからも、モバイルコマースの市場は、PCコマースと共存しながらますます拡大していくでしょう。携帯電話に新たな決済機能が加われば、影響度はさらに大きくなっていきます。技術動向とマーケティング動向をしっかりと捉えながら、企業の新たな商取引形態を広げていくことが重要です。

図 7-05 モバイルコマース市場の変化

引き続き拡大が続く、モバイルコンテンツとモバイルコマース市場

①モバイルコンテンツと、モバイルコマースの市場規模の推移

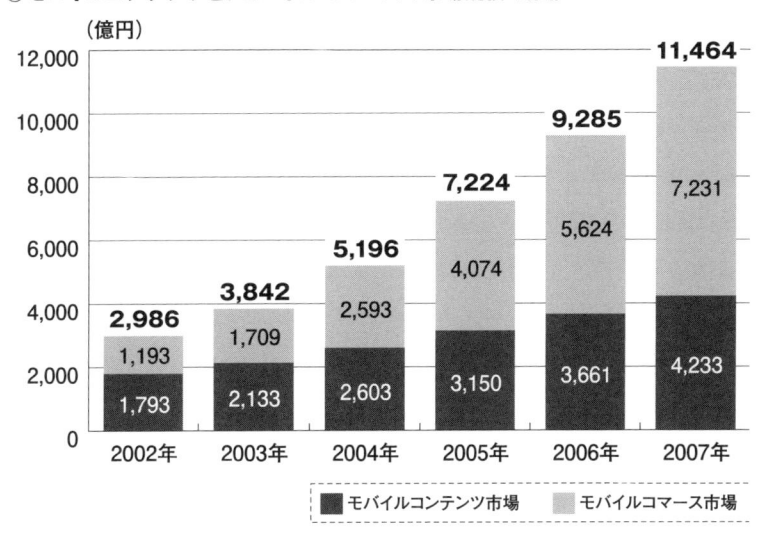

（億円）

年	モバイルコンテンツ市場	モバイルコマース市場	合計
2002年	1,793	1,193	2,986
2003年	2,133	1,709	3,842
2004年	2,603	2,593	5,196
2005年	3,150	4,074	7,224
2006年	3,661	5,624	9,285
2007年	4,233	7,231	11,464

②モバイルコマースの分野別内訳・市場規模の推移

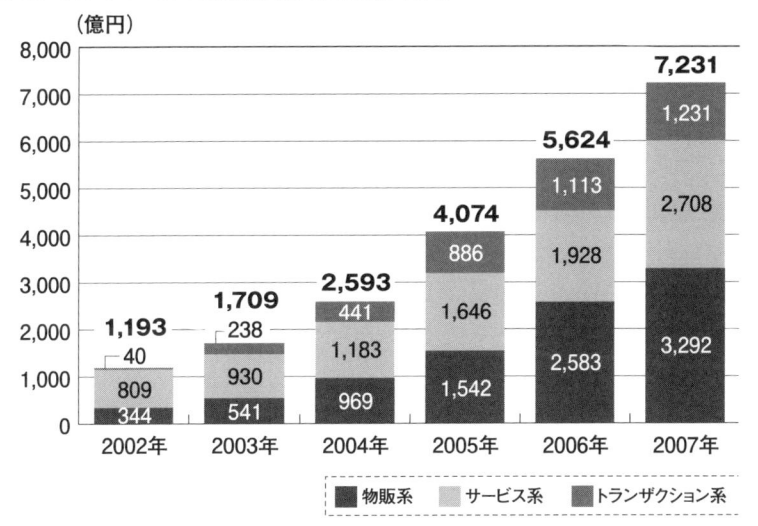

（億円）

年	トランザクション系	サービス系	物販系	合計
2002年	344	809	40	1,193
2003年	541	930	238	1,709
2004年	969	1,183	441	2,593
2005年	1,542	1,646	886	4,074
2006年	2,583	1,928	1,113	5,624
2007年	3,292	2,708	1,231	7,231

出典：総務省「モバイルコンテンツの産業構造実態に関する調査結果」

PART 7 モバイル・マーケティング

section 6　モバイル・マーケティング

モバイルSEM

　モバイルSEMとは、携帯電話などのモバイル機器に対する、検索エンジン・マーケティングです。通常のPCのSEMについては、PART 6で紹介しました。PCのSEMと同様に、モバイルSEMも重要度を増しています。

　ここでは、モバイルSEMを市場の特性から分析し、PCのSEMとの相違点や今後の市場性を紹介します。さらに、サイト運営者側にとってどのような取り組みが必要なのかも紹介します。

(1) モバイルでもSEMが重要

　モバイルSEMはその名のとおり、モバイル端末でのインターネット検索に関するマーケティング手法の総称です。近年では、モバイル端末によるインターネット接続と、Webサイトの閲覧が一般的になっています。

　PCにおけるインターネット・マーケティングの環境と同様に、モバイル端末においても、検索エンジンを絡めたマーケティングが重要になってきたのです。

(2) モバイルSEMの特徴

　モバイルSEMは、どのような特徴を持っているのでしょうか。モバイル端末におけるSEMの考え方が、通常のPCにおけるSEMとどのように違うのかを見ていきましょう。モバイルSEMを考えるうえで理解しておかなければならないのが、モバイル端末の機能的な制約です。携

帯電話に代表されるモバイル端末は、画面サイズと通信コストが大きな制約となります。

モバイル端末の画面サイズは3インチ程度、QVGA（320×240ピクセル）クラスの解像度が一般的です。ひとつの画面での情報表示量が少ないことから、ユーザの行動自体がPCのそれとは異なるのです。インターネットへの接続にはパケット通信料がかかることから、PCのように無制限にページを開くことがありません。ブラウザのウィンドウがひとつですから、多くのページを同時に閲覧することはできないのです。

このような制約条件が、モバイルSEMとPCのSEMの大きな差になっています。

Googleに代表されるモバイル検索エンジンも、検索結果の表示方法に大きな特徴があります。モバイルSEMは、SEO、リスティング広告の2つに大別されます。モバイルSEOはPCへのSEOと同様に、検索エンジンのアルゴリズムに最適化することで、検索結果の上位に表示させる技術です。

これにより、低価格でアクセスアップが望めます。リスティング広告は、PART 6で紹介したPCのリスティング広告と同様に、低コストの広告ツールです。モバイルSEMもPCのSEMと同様に、SEOとリスティング広告をうまく使い分け、バランスよくアクセス数を上げていくことが大切です。

(3) 携帯検索でもGoogleが覇権を握る

2007年に、NTTドコモとauがあいついで検索エンジンの供給で米Google社と提携しました。現在は、iモードもEZwebも公式メニューのトップ画面にGoogleの検索窓があり、携帯サイトの検索ができるようになっています。Googleでの検索結果には、大きな特徴が2つあります。ひとつは、1画面の中に公式サイトの他に一般サイト、そしてリスティ

ング広告が同時に表示される点です。

　これにより、検索エンジン経由のアクセスを一般サイトへ導く大きなルートが開設されました。その結果、一般サイトのSEMは重要度をさらに増すことになりました。

　もうひとつの特徴は、Googleの検索結果にPCサイトへのリンクも表示されるようになったことです。検索結果からPCサイトを閲覧すると、Googleのシステムによって、携帯電話の画面で見やすいように自動でコンテンツの加工を行い、小さな情報量で表示してくれます。つまり、SEMの観点からいえば、携帯サイトはPCサイトと競合しながらマーケティングを行わなければならなくなりました。

　公式サイト、一般サイト、リスティング広告、PCサイトと、インターネット上のあらゆるWebページがひとつの検索結果によって比較され、ユーザは利便性を感じることでしょう。

　同時に、Webサイト同士が垣根のない新たな競争時代に入ったことを認識しなければなりません。

(4) 公式サイトから一般サイトへ

　携帯電話のコンテンツ市場では、公式サイトへのアクセス数が圧倒的でした。iモードに代表される公式サービスからのリンク誘導が、ユーザに親しまれたためです。ただiモードの公式コンテンツも、コンテンツ市場の多様化に合わせて、すでに1万件近くになっています。公式サイトへの登録ができても、ビジネスモデル的に成り立たないケースも増えてきたのです。

　多大な負荷をかけて公式コンテンツ化するよりも、一般サイトで小さく始めて大きく育てるWebサイトが増えてきました。DeNAが運営するモバゲータウンは、一般サイトでありながら急成長しました。

　近年、一般サイトでも人気のあるコンテンツが増えてきたことで、ユー

ザも一般サイトへの抵抗感が薄れています。一般サイトへのアクセスは、①他サイトからのリンク、②広告からのアクセス、③検索エンジン経由、④URLの直接入力、という4つの手段しかありません。特に、③の検索エンジンからのアクセスが重要度を増しています。

(5) モバイルSEM活用のポイント

今後も、携帯サイトにおけるSEMの重要性は一段と高まっていくことが考えられます。モバイルSEMを活用することで、効果的にサイトへのアクセス数を増やすことができます。PCのSEMと同様に、リスティング広告やSEO対策をバランスよく配分することで、費用対効果の高いマーケティングができるのです。

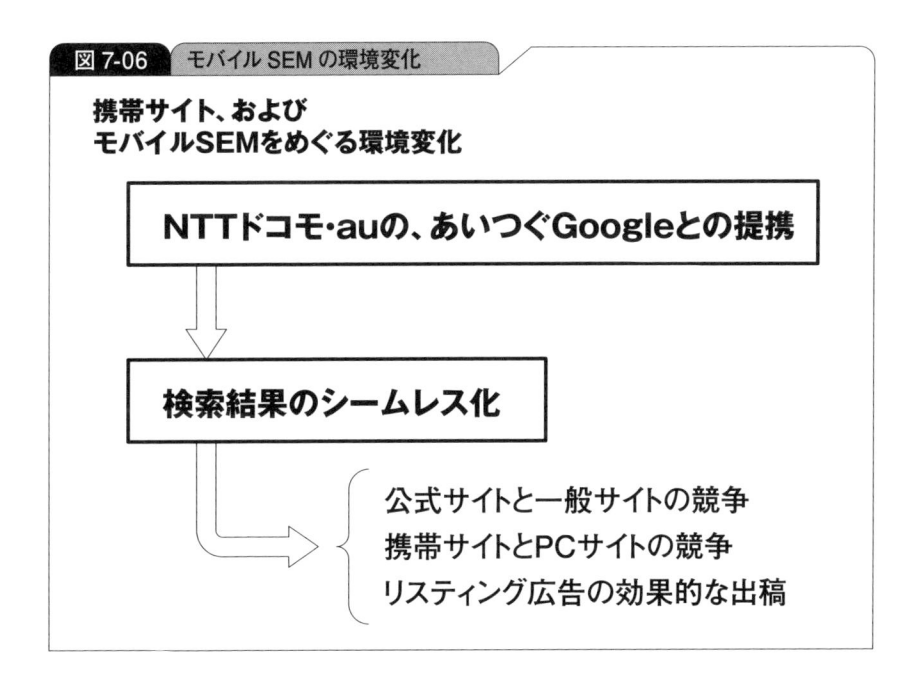

図7-06　モバイルSEMの環境変化

携帯サイト、および
モバイルSEMをめぐる環境変化

NTTドコモ・auの、あいつぐGoogleとの提携

↓

検索結果のシームレス化

- 公式サイトと一般サイトの競争
- 携帯サイトとPCサイトの競争
- リスティング広告の効果的な出稿

参考文献

- 『モバイル・マーケティング』恩藏直人・及川直彦・藤田明久 日本経済新聞出版社
- 『インストア・マーチャンダイジング』（財）流通経済研究所 日本経済新聞出版社
- 『Webマーケティングコンサルタント養成講座』海老根智仁・頼定誠（著）・根来龍之（監修）翔泳社
- 『eビジネスの教科書』幡鎌博 創成社
- 『Webマーケティングの入門教科書』田中あゆみ 毎日コミュニケーションズ
- 『インターネット・マーケティング入門』木村達也 日本経済新聞社
- 『ケースで学ぶWebマーケティングの教科書』ネットイヤーグループ 秀和システム
- 『次世代マーケティングプラットフォーム』湯川鶴章 ソフトバンククリエイティブ
- 『インターネット・マーケティング・ベーシックス』（社）日本マーケティング協会（監修）日経BP社
- 『One to One:インターネット時代の超マーケティング』井手和明・小山健治（著）・浅岡伴夫（監修）ビー・エヌ・エヌ
- 『Web2.0時代のインターネット広告』佐藤光紀 日本経済新聞社
- 『図解入門ビジネス 最新 ネット広告の仕組みと効果がよ～くわかる本』佐藤和明 秀和システム
- 『Webマーケティング/広告戦略のセオリー』Catherine Seda（著）・森本眞吾（訳）・住太陽（監訳）毎日コミュニケーションズ
- 『できる社長はネットで売らない』吉本俊宏 日経BP社
- 『すっきりわかった!SEO・SEM・ウェブマーケティング』「インター

ネットでお店やろうよ!」編集部 アスキー・メディアワークス
- 『プロセス・オブ・モバイル・サクセス』美谷広海・藤川秀行・平島浩一郎・吉田直樹ほか 翔泳社
- 『そんなんじゃクチコミしないよ。』河野武 技術評論社
- 『80対20の法則を覆すロングテールの法則』菅谷義博 東洋経済新報社
- 『楽天のベストショップ経営者が教えるEコマース成功の条件』Eコマース戦略研究所（編）日本経済新聞出版社
- 『わかりやすいマーケティング戦略 第3版』沼上幹 有斐閣アルマ
- 『マーケティング原理 第9版』フィリップ・コトラー、ゲイリー・アームストロング（著）・和田充夫（監訳）ダイヤモンド社
- 『ゼミナール経営学入門 第3版』伊丹敬之・加護野忠男 日本経済新聞出版社
- 『モバイル・マーケティング最前線』SE編集部（編）翔泳社
- 『モバイル・マーケティング最前線 第2号 モバイルを極める』翔泳社
- 『実践!最新デジタル・マーケティング』宣伝会議（編）宣伝会議
- 『インターネット白書2008』（財）インターネット協会（監修）インプレスR&D
- 『ケータイ白書2009』モバイル・コンテンツ・フォーラム（監修）インプレスR&D

監修者

山口 正浩（やまぐち まさひろ）
（株）経営教育総合研究所代表取締役社長、中小企業診断士の法定研修（理論政策更新研修）経済産業大臣登録講師。産業能率大学兼任講師、経済産業大臣登録中小企業診断士、経営学修士（MBA）。日本経営教育学会、日本経営診断学会、日本財務管理学会など多数の学術学会に所属し、財務や経営戦略、事業再生に関する研究をする一方、各種企業・地方公共団体にて、経営幹部、営業担当者の能力開発に従事している。
著書として、『経済学・経済政策クイックマスター』『アカウンティングクイックマスター』、（以上、同友館）、『3級販売士最短合格テキスト』『減価償却の基本がわかる本』（以上、かんき出版）、『販売士検定3級 重要過去問題 傾向の分析と合格対策』（秀和システム）など、80冊以上の著書・監修書がある。

木下 安司（きのした やすし）
（株）セブン‐イレブン・ジャパン システム部を経て、経営コンサルタントとして独立。昭和57年、（株）東京ビジネスコンサルティング（現（株）TBC）を創業。現在、（株）TBC代表取締役社長、（株）経営教育総合研究所主任研究員。経済産業大臣登録中小企業診断士。
業界屈指の合格率を誇る「TBC受験研究会」を28年間主宰し、中小企業診断士の育成、指導を通じて人的ネットワークを構築。企業の経営革新・事業再生支援に注力している。
著書として、『図解 よくわかるこれからの流通』（同文舘出版）、『コンビニエンスストアの知識』『小売店長の常識』（日本経済新聞出版社）、『セブン‐イレブンに学ぶ超変革力』（講談社）、『手にとるようにマーチャンダイジングがわかる本』（かんき出版）など多数がある。

執筆者

前川 浩基（まえがわ ひろき）
（株）経営教育総合研究所主任研究員、中小企業診断士、システムアナリスト。システムエンジニア、インストラクターを経て、現在はITコンサルタントとしてスモールビジネスの支援に従事。システム開発技術、ネットワーク技術に精通している。PART 1～2担当。

乾 竜夫（いぬい たつお）
（株）経営教育総合研究所研究員、中小企業診断士。国内システムベンダーにて、システム開発・コンサルティングに従事。生保システムに精通している。PART 3～4担当。

牧野 雄一郎（まきの ゆういちろう）
（株）経営教育総合研究所研究員、中小企業診断士。オープンソースソフト技術を使った中小企業のIT戦略、製造業のコストダウン戦略に精通している。PART 4～7担当。

マーケティング・ベーシック・セレクション・シリーズ
インターネット・マーケティング

平成21年8月14日　初版発行

監修者————山口正浩
編著者————前川浩基
発行者————中島治久

発行所————同文舘出版株式会社
　　　　東京都千代田区神田神保町1-41　〒101-0051
　　　　電話 営業03（3294）1801　編集03（3294）1803
　　　　振替 00100-8-42935
　　　　http://www.dobunkan.co.jp

© M.Yamaguchi　　　　　ISBN978-4-495-58511-2
印刷／製本：シナノ　　　Printed in Japan 2009